知識ゼロからの

事業承継&相続税のしくみ

山田ビジネスコンサルティング

- 事業承継で引き継ぐものとは?
- 誰が事業を引き継ぐのか?
- 後継者選びに悩んだら?
- 後継者をどう教育・育成するのか?
- 事業承継はどのように進めていく?
- なぜ事業承継計画が必要なのか?
- 事業承継計画書をどう作成する?
- 物的事業承継と人的事業承継とは?
- 事業承継とともに、なぜ相続対策が必要か?
- 事業承継に必要な資金は?

幻冬舎

はじめに

事業承継はこれからの会社の最重要課題

最近、「事業承継」という言葉が新聞等で頻繁に登場するようになりました。

今後10年間で5割を超える経営者が事業承継の時期を迎えるといわれており、事業承継を進めることは喫緊の経営課題です。

事業承継は、社長を後継者に譲るいわゆる肩書の問題や、自社株式を相続・贈与する際の税金の問題、ととらえがちですが、それだけではありません。

確かに、社長という立場、相続税の納税負担をどうするか、ということも大事なのですが、最も重要なのは「自社を永続的に継続させるためには誰が会社を承継すべきなのか」ということです。

以前は親族間での承継が一般的であったため、長男を社長にして自社株式を相続又は贈与等により移転してしまえば、それで事業承継は終了でした。

しかし、最近は、少子高齢化にともなう人口減少により、日本国内の商圏は縮小し、企業を取り巻く環境は厳しくなっています。

したがって、事業承継を検討するにあたっては、「親族内で引き継がせることありき」ではなく、「親族外の役員や第三者も含め、誰が会社を引き継げば、この厳しい環境を乗り越えてゆけるのか」という観点から、幅広い選択肢の中で最も企業の継続可能性の高いものを選ぶことが重要です。

本書では、相続税や自社株式の評価、Ｍ＆Ａの手法の説明もさることながら、「後継者選びのポイント」、「事業承継の流れ」に言及し、後継者選択から事業承継が始まることをまず第1章でご紹介しています。

内容をご覧いただければわかるのですが、本気で後継者選びから事業承継を進めようとすると、多くの時間とさまざまな検討項目があることに気づかされると思います。

事業承継対策は、相続目前で行うものではなく、できるだけ早い時期から、外部専門家などを活用して、最も企業の永続性の高い承継先を選択の上、実行すべきです。

自分がいなくなった後のことは、子どもたちが仲良く解決してくれると考える経営者の方もいますが、ご自身の意思を示さずに相続を迎えるとたちまち「争続」となり、経営の承継どころではなくなります。

事業承継対策は、今そこにある危機ではないので後回しになりがちですが、自社の今後の業績や投資計画にも大きく影響しますので、今すぐに着手することをおすすめいたします。

山田ビジネスコンサルティング株式会社

※本書で紹介した制度、税率などの情報は２０１７年８月時点で主に判明しているものです。
本書は事業承継に関わる制度や方法論等をわかりやすく説明するために、詳細を省略している箇所があります。実際の制度上の取り扱いは専門家に個別にご相談いただきますよう、お願いいたします。

序章

マンガでわかる はじめての事業承継

事業承継は、単なる社長の交代ではありません。現経営者が営み育んできた事業を次の世代へ引き継ぎ、その後も継続的に成長していくための一つのステップなのです。そのためには後継者に誰を選び、何を引き継いでいくのか…。まずはそれを理解することが事業承継を成功させ、事業をうまく発展させていくカギとなります。

主な登場人物

息子（栄一）
経営者の長男。家業の同業他社である大手運送会社に勤務。

妻（優子）
経営者の妻。会社では経理を担当している。

経営者（田中肇）
運送業を営む中小企業「株式会社ゼロ運輸」の創業者。

先生（山下孝教）
事業承継や相続に関する専門家で、税理士。豊富な知識や経験でアドバイスを行う。

部長（近藤久）
勤続35年のベテランで、現場をよく知る営業部長。

娘（彩美）
経営者の長女。他社にてデザイン関連の仕事に従事している。

もう若くないんだから
気をつけないと
オレも
そろそろ引退して
旅行でもしながら
のんびりしようと思って
いるんだ
でも会社のことも
あるしなあ…
会社は
部長の近藤さんに
任せたら？
近藤は現場一筋
だからな
栄一は
どうかな？
親子の方が
いいだろう
そうね
でも本人次第
よね
ハックション！

…というわけで会社を引き継ぐ気はあるか？
え!?突然言われてもなぁ　ゆくゆくはそうなるかもしれないけど　父さんもまだまだやれるだろう？
父さんは体の調子が良くないのよ　それに引き継ぎもすぐにはできないでしょ？
会社も大きくないし従業員も少ないだろ？いざとなればすぐ引き継げるよ
でも気をつけた方がいいよ　私の取引先の印刷会社も社長が亡くなった後後継者のことで親族と幹部がモメちゃって…
親族
幹部

倒産
社員
新社長
結局、門外漢の息子が社長になったとたん現場が混乱して業績が悪化結局3年くらいで会社が潰れちゃったんだから
……
……
そうだな従業員のこともあるし一度　知り合いの専門家に相談してみるか

私が担当させていただく
山下です
まずは御社の状況からお伺い
しましょう
なるほど　よく分かりました
社長が心配されている
株式や土地　建物　設備などの
引き継ぎは
規模もそれほど大きくないので
問題ないでしょう
相続税も奥さまや子どもさんに
分散できれば大丈夫
問題は…
…？
事業承継で一番大切で
難しいのは
「目に見えにくい」
ものです
社長が築き上げた管理体制や
企業理念
取引先との関係は
目に見えにくいですが
これを引き継ぐことが
最重要です
失敗すると会社の存続に
かかわりますよ

それは現場の方で うまくやるでしょう
その考え方は危険です 中小企業の場合は 経営者一人の 人望や営業力　管理能力に 大きく左右されるので 注意が必要ですよ
オレ うまくやって いけるかな
大丈夫　長期スパンで計画を 立てながら　事業承継を行えば 必ずうまくいきます まずはお二人で事業承継の 基本から学んでいきましょう
お父さん　引退は もう少し先に なりそうですね
よし！ みんなのために 何とかやってみよう！

事業承継とは何か？ ▶ P 22

オーナー企業の経営者が後継者に事業を継がせること

事業承継対策

計画的な対策を行う

何を引き継ぐのか？ ▶ P 24

人の承継

社長という組織内での役職・役割と、会社の経営権を次の社長となる後継者に託す

資産の承継

現経営者が所有している会社の株式や、会社が保有する土地・建物、設備、運転資金といった資産の承継

目に見えにくい経営資源の承継

現経営者がこれまで築き上げてきた経営理念や信用力、独自のノウハウ、技術・特許、得意先と顧客の情報、さまざまな人脈といった目に見えない経営資源を承継

ブランド

信用力

この３つを誰に、どのように引き継ぐかが重要テーマ

計画的な対策を行わない

↓

円滑な事業承継が行われない

↓

親族間の争い発生
会社経営が混乱

↓

業績の悪化
事業の継続が困難

誰に引き継ぐのか？ ▶P 26

親族内承継
息子や娘などの親族が承継

社内承継
社内の役員や従業員から適任者を探し、親族以外の人に承継

第三者への承継
社外の人や他社に引き継ぐ、第三者への承継＝M＆A

後継者選びに悩んだら？ ▶P 28

同時に行う

相続対策 ▶P 50

事業承継の計画・対策の実行

円滑な事業承継が行われる

これまで培ってきた事業を継続することができる

事業承継によって、事業の実情が把握され、問題点が判明することがある。その問題点を解決することによって会社の体質改善が図れる。経営者の若返りは会社の若返りにもつながる

事業の発展も期待できる

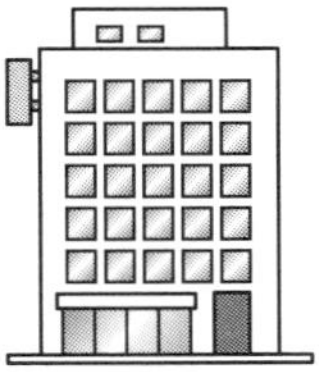

知識ゼロからの事業承継&相続税のしくみ●目次

第3章 自社株式の承継……79

第4章 M&Aの活用

事例　事業承継の成功と失敗ケース……151

Column

第1章

事業承継を計画的に
行うことは、
会社にとって多くの
メリットが
ありますよ。

事業承継の基本

事業承継は、中小企業にとって会社の将来を決定づける重要な問題です。まずはなぜ事業承継が必要で、どう進めていくのかなど、事業承継の基本と流れについて学びましょう。

マンガでわかる

知識ゼロからの事業承継

…というわけで　これが事業承継の　全体の流れになります　やることは多いですが　焦らずじっくり　5年計画で　進めましょう
5年か…　(もう少し　早めに動けば　よかったかな)
まずは後継者を　誰にするか　親族か　社内か　それとも　アカの他人か
ひとまずオレは　親父の会社で　イチからやって　みるよ
焦りは禁物ですよ　後継者育成や　基盤作りが最重要で　時間もかかりますから　社長交代を見据えた　組織作りも　課題ですね
いよいよだな

ゼロ運輸
えー みんな改めて紹介するよ
本日からどうぞよろしくお願いいたします
パチ パチ パチ パチ
近藤部長の下でビシビシやってくれ
期待していますよよろしく
こちらこそお願いいたします
ふーっ…
どうだ 疲れたか? まずは一日も早く慣れることだな
なんとかやってみるよ 今日は早めに上がるかな
事業承継について勉強してみるか
知識ゼロからの
事業承継
入門

▼▼▼今や中小企業にとって大問題！

そもそも事業承継とは何か？

事業承継の問題は多くの中小企業経営者にとって悩みの種となっている。

事業承継とは？

事業承継とは、主にオーナー企業の経営者が後継者に事業を継がせることをいいます。そして、日本の中小企業にとって、今や大きな問題となっているのが、この事業承継の問題です。後継者の確保をはじめとする事業承継の問題は、多くの中小企業の経営者の悩みの種になっているのです。

事業承継対策の必要性

いかに円滑に事業を承継し、経営者自身の引退を迎えるかという問題は、経営者はもちろん、会社、オーナー一族にとって切実な問題です。事業承継が円滑に行われないことによって、親族間に争いが発生したり、会社経営に混乱をきたしたりするケースが数多くあります。そのようなトラブルを抱えた会社では社業が発展するどころか、経営に悪影響を及ぼし、やがて業績は悪化し、場合によっては事業の継続が危うくなることもあります。そうならないためにも、計画的な事業承継対策が求められるのです。

事業承継すると決めたらのんびりしていられないな
何をしなければならないか早速検討しましょう

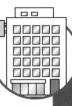

事業承継は重要な問題

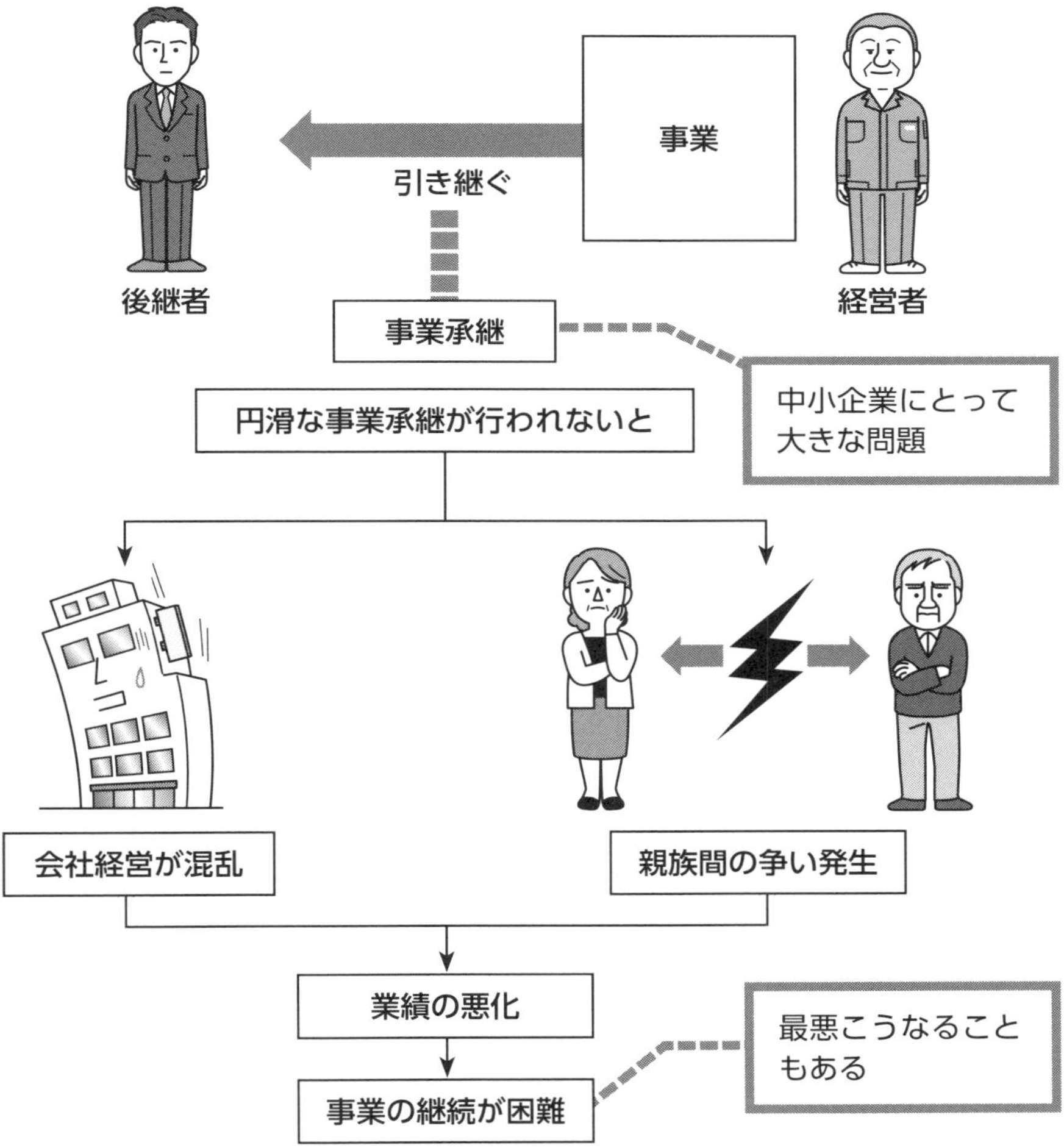
事業
引き継ぐ
後継者
経営者
事業承継
中小企業にとって
大きな問題
円滑な事業承継が行われないと
会社経営が混乱
親族間の争い発生
業績の悪化
事業の継続が困難
最悪こうなること
もある

ココがポイント!

- 事業承継の問題は、中小企業にとって重要な問題である。
- 事業承継が円滑に行われないことが、会社経営の混乱などのさまざまな問題を引き起こし、業績の悪化や事業継続の困難を招く。
- 計画的な事業承継対策が必要である。

事業承継は単なる社長の交代ではない！

事業承継で引き継ぐものとは？

事業承継ってそもそも何を引き継ぐんだ？
資産を引き継ぐだけじゃないですよ
どういうこと？
「資産」のほかにも「人」や「経営資源」の引き継ぎもあります
実は目に見えにくいものこそ重要なんです

事業承継で引き継ぐものは「人」「資産」「目に見えにくい経営資源」の3つ。

何を引き継ぐのか？

事業承継は、事業を引き継ぐことですが、この事業そのものは形があるものではありません。では、具体的には何を承継するのでしょうか。

それは次ページにあるような「人」、「資産」、「目に見えにくい経営資源」の3つです。この3つは会社の財産といえるもので、これらの財産を、誰に、どのように引き継ぐのかが、事業承継の大きなテーマであり、最も重要な点といえるでしょう。

事業承継で引き継ぐ3つのもの

人の承継	社長という組織内での役職・役割と、会社の経営権を次の社長となる後継者に託す。この人の承継はとても重要であるが、そのためには資産の承継も必要になる。
資産の承継	現経営者が所有している会社の株式や、会社が保有する土地・建物、設備、運転資金といった資産の承継。このうち会社の株式、いわゆる自社株式の引き継ぎは、事業承継のポイントとなるところであり、ネックとなるケースもある。自社株式の引き継ぎの詳細は第３章で解説。
目に見えにくい経営資源の承継	現経営者がこれまで築き上げてきた経営理念や信用力、独自のノウハウ、技術・特許、得意先と顧客の情報、さまざまな人脈といった目に見えない経営資源を承継。これらは経営者だけではなく、従業員も一緒に築き上げてきたものが多く、会社の重要な財産の一つといえる。

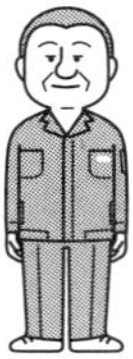

組織としての体制が強固な大企業であれば、トップの交代はよくあることで、それによって会社の事業が大きく揺らぐことはない。しかし、中小企業の場合、経営者個人の資質や能力、人脈などに大きく依存しているので、経営者が替わることは業績や事業の継続に大きな影響を及ぼす。

ココがポイント!

- 事業承継で引き継ぐものは、社長の役割と経営権を託す「人」、会社に関係する「資産」、会社が持つ「見えにくい経営資源」の3つである。
- 引き継ぐもの3つを、誰に、どのように引き継ぐのかが、事業承継の重要なテーマである。

誰が事業を引き継ぐのか？

事業存続が第一。最適な方法を検討！

後継者候補がいるかどうかを考え、3つの選択肢を軸に承継方法を検討。

承継方法の3つのパターン

事業承継の準備は、後継者を探すところから始まります。まずは後継者候補となる人がいるかどうか、そこから考えてみます。

事業承継の方法は、誰が事業を引き継ぐかによって、次ページの図のように「親族内承継」「社内承継」「第三者への承継」の大きく3つのパターンに分かれます。どの方法が選択できるか、上のチャートに沿って考えてみましょう。

後継者の検討チャート

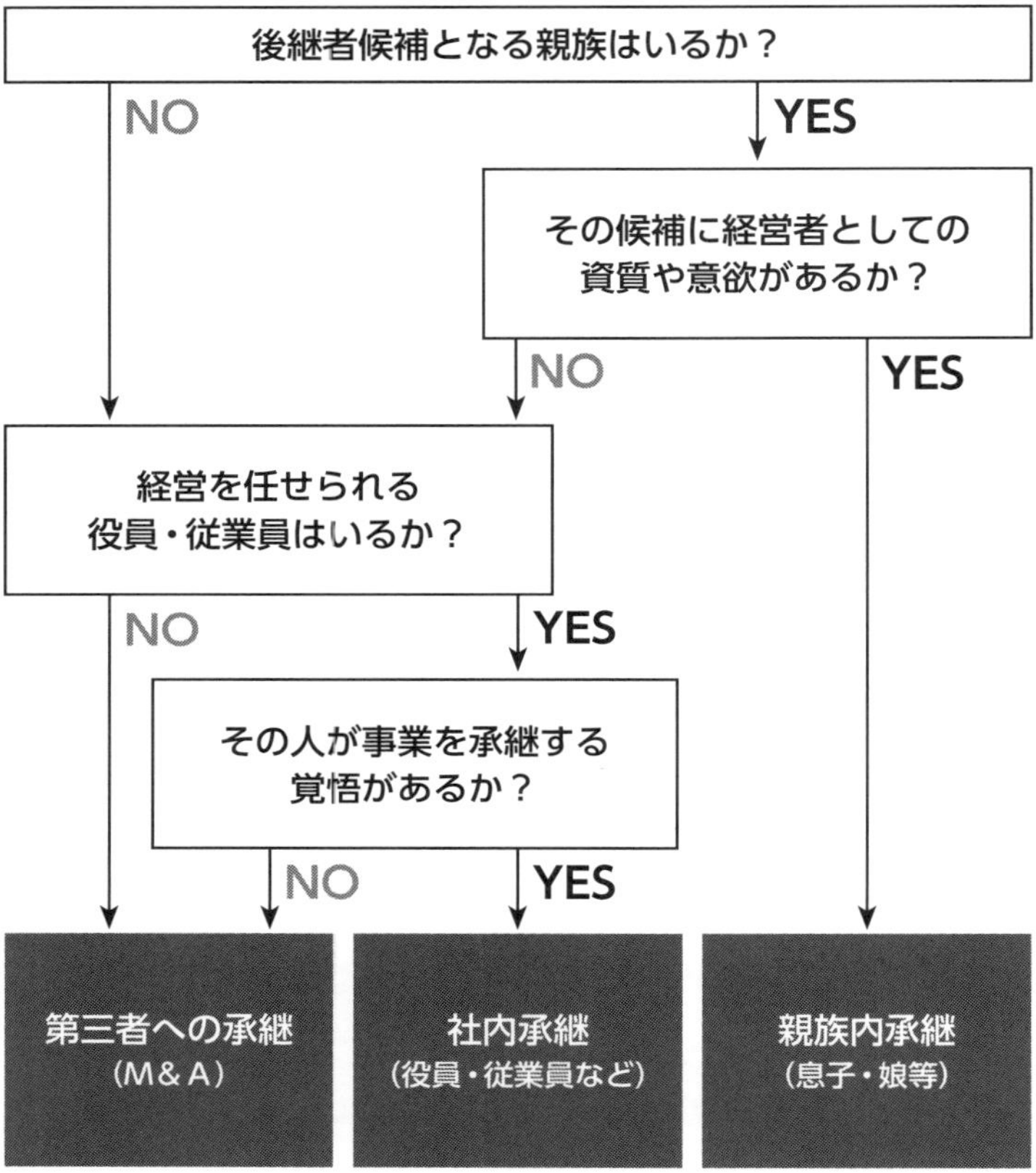
後継者候補となる親族はいるか？
NO
YES
その候補に経営者としての資質や意欲があるか？
NO
YES
経営を任せられる役員・従業員はいるか？
NO
YES
その人が事業を承継する覚悟があるか？
NO
YES
第三者への承継（M&A）
社内承継（役員・従業員など）
親族内承継（息子・娘等）

承継方法3パターン

親族内承継	社内承継	第三者への承継
息子や娘などの親族が承継。子どもの配偶者や孫、甥、姪といった親族も候補。	親族に後継者候補がいない場合、社内の役員や従業員から適任者を探し、親族以外の人に承継する方法。	社内にも後継者候補が見つからない場合、社外の人や他社に引き継ぐ、第三者への承継＝M＆Aを検討。

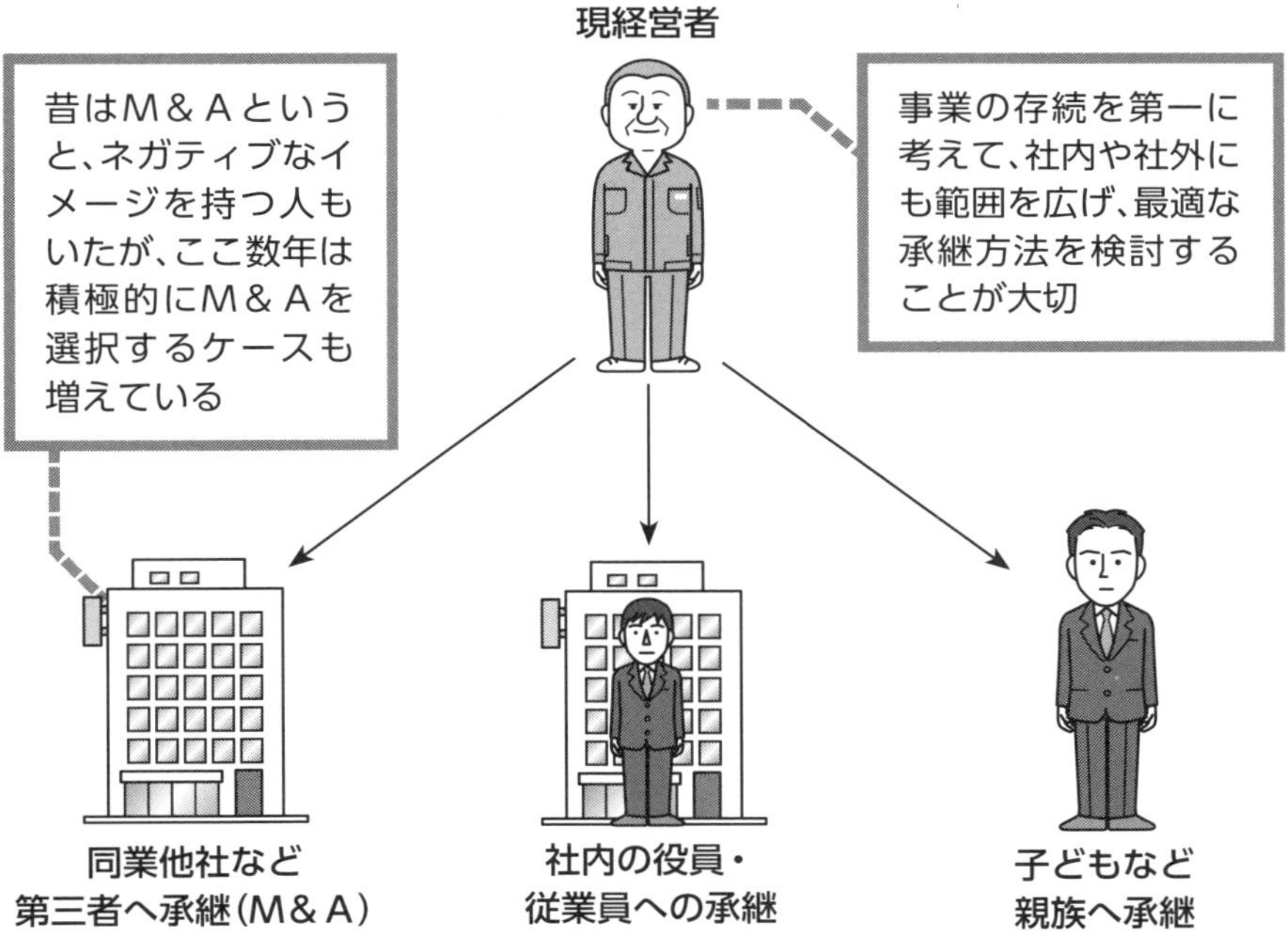
現経営者
昔はM＆Aというと、ネガティブなイメージを持つ人もいたが、ここ数年は積極的にM＆Aを選択するケースも増えている
事業の存続を第一に考えて、社内や社外にも範囲を広げ、最適な承継方法を検討することが大切
同業他社など第三者へ承継（M＆A）
社内の役員・従業員への承継
子どもなど親族へ承継

ココがポイント！

- 誰が事業を引き継ぐかによって、事業承継は「親族内承継」「社内承継」「第三者への承継」の3つの方法に分かれる。
- 最近は、後継者となる親族がいる場合でも、役員・従業員や第三者もひと通り検討した上で、後継者を決める経営者が増えている。

▼▼▼3つの承継方法、どれを選ぶのか?

後継者選びに悩んだら?

子どもに引き継がせるのが一番かな…
息子さんに会社を経営する能力や意欲があるかが問題ですね
そういわれるとどうかな…
やる気や素質があってもすぐに社長と同じことはできません
時間をかけて育て上げバトンタッチすることが大事ですよ
たしかに…時間がかかる問題だな

承継方法それぞれにメリット・デメリットがあり、大事な判断材料となる。

承継方法選択の大事な判断材料

前項で事業承継の方法の3パターンについて見てきましたが、それぞれの方法にメリットとデメリットがあります(次ページ参照)。

自社にとって具体的なメリット・デメリットを整理し、数字などを用いたシミュレーションを重ねることも重要です。最近では、後継者選びに悩んでいる段階から専門家も交え、事業承継対策に取り組む経営者も増えています。

3つの承継方法のメリット・デメリット

	親族内承継	社内承継 （役員・従業員など）	第三者への承継
メリット	●社内・社外の関係者から心情的に受け入れられやすい ●後継者を早期に決定し、長期の準備期間を確保できる ●所有と経営の分離を回避できる可能性が高い	●会社の経営方針や事業内容、業務にも精通しているので引き継ぎがしやすい ●人望があれば従業員の理解も得やすい	●身近に適任者がいなくても、広く候補者を外部に求めることができ、これまでの事業を存続できる
デメリット	●後継者となる親族に経営能力と意欲があるとは限らない ●相続人が複数いる場合、後継者を決めるのが困難になったり、経営権の集中が難しくなったりする	●適任者がいるとは限らない ●後継者に株式を取得する資金や個人保証などの覚悟が必要 ●社内のねたみなどがあり、登用に説明が必要	●従業員の雇用の維持や買取価格などの希望条件を満たす買い手、これまでの経営方針や企業文化などを維持できる買い手を見つけることが難しい

ココがポイント!

- 親族内承継は後継者となる親族に経営能力と意欲があるかどうか。
- 社内承継は、株式を取得する資金および、個人保証やいざという時に私財の提供ができる覚悟があるか否かが問題である。
- 第三者への承継は、条件を満たす買い手を見つけられるかどうか。
- 後継者選びに悩む段階から事業承継対策は始まっている。

▼▼▼ 後継者の選定後にやるべきこと！

後継者をどう教育・育成するのか？

円滑な事業承継のためには十分に時間をかけた後継者の教育・育成が不可欠。

後継者教育の必要性

ここからは、後継者に親族を選んだ場合について考えます。まずは、しっかりとした教育を行って来《きた》るべき承継に備える必要があります。中小企業の経営者には、現場を取り仕切るための多面的な能力や知識が求められます。この能力・知識を短期間で習得することはどんな人でも不可能です。ですから、十分な時間をかけて教育し、後継者を育成していく必要があるのです。

親族内承継の場合の後継者教育

親族内承継の場合の後継者教育は、社内教育と社外教育に分類できます。社内での教育では、後継者に自社の各分野（営業、製造、財務など）をローテーションさせることで、経験と必要な知識を習得させることが有効です。社外教育の手法としては、他社勤務を経験させることがよく行われています。この手法には人脈の形成や新しい経営手法の習得が期待できます。社内・社外の教育方法として、次ページのようなものがあります。

後継者の育成か
さて
どうするか…
そうですね
円滑な事業承継の
ためには
後継者の育成が
不可欠ですね

後継者の教育方法

社内教育	●後継者に自社の各分野(営業、製造、財務など)をローテーションさせる→経験と知識の習得  ●経営幹部など、責任のある地位に就けて権限を委譲する。意思決定やリーダーシップを発揮する機会を設ける→経営に対する自覚を育む ●現経営者による直接指導を行い、指導内容は経営上のノウハウ、業界事情にとどまらず経営理念の引き継ぎまで行う→経営理念の引き継ぎ
社外教育	●他社勤務を経験させる→人脈の形成や新しい経営手法の習得、自社の枠にとらわれず後継者が新しいアイデアを獲得するために有効 ●子会社や関連会社の経営を任せる→経営者としての責任感を植えつけ、資質を確認するうえで最適な機会 ●外部機関によるセミナー等を活用する→経営者に必要とされる知識全般の習得、後継者を自社内に置きつつ、幅広い視野を育成するのに効果的

ココがポイント!

●中小企業の経営者には、多面的な能力や知識が求められるので、十分に時間をかけた後継者教育が必要である。

●社内での教育として、後継者に自社の各分野をローテーションさせることなどがある。

●社外での教育として、他社勤務を経験させることなどがある。

準備〜実行・完了まで！

事業承継はどのように進めていく？

事業承継を円滑に進めるには、必要な手順を踏まなければならない。

基本的な進め方・手順

事業承継を実行する際には、どのような手順を踏んで、何を行えばよいのか、ここでは基本的な進め方について見ていきましょう。

基本的な進め方として、まずは会社の現状を把握し、分析することから始めます。そして、問題点の洗い出し→各種対策の検討・実行→代表権や株式の承継→現経営者の引退という上の図のような流れになります。

事業承継の基本的な流れ

現状の分析
- 会社の業績、資産、借入金などの把握
- 経営者名義の事業用の土地・建物、個人保証の有無、債務残高の確認
- 株式の評価額と所有者ごとの持株数の確認・整理など

問題点の洗い出し
- 現状の株主構成における構造上の問題(分散など)や、承継にあたってのコスト(株式購入代金や税金など)
- 後継者の教育期間やサポート体制など

各種対策の検討・実行

第3章参照

現状分析や問題点の洗い出しでは、現経営者の仕事の内容や社内での役割なども、本人や周囲から聞き出し、「見える化」しておくことも重要。完了までには５～10年と考えて余裕を持って計画を立てることが大切。

現経営者の引退

代表権や株式の承継

引退の時期から逆算してスタートの時期を検討

株式が後継者に移り、経営権の移行が済んでも、それで事業承継が完了するとは限らない。承継後の事業が軌道に乗るまで、現経営者はしばらくの間、役員や相談役などで残り、サポートすることも多い。現経営者が名実ともに引退するときが、事業承継の本当の完了となる

- 株価対策、分散株式の集約
- 持株会社（資産管理会社）体制の構築
- 非上場株式等の相続税・贈与税の納税猶予の活用
- 種類株式や持株会、信託などの活用
- 社内の組織作り、役職や人事評価制度の見直しなど

ココがポイント!

- **事業承継は、会社の現状を分析し、問題点を洗い出すことから始める。**
- **洗い出した問題について、対策を検討し、その対策を実行に移していく。**
- **完了までには相当な期間がかかるので、余裕を持って計画を立てる。**

計画が数多くのメリットを生む！

なぜ事業承継計画が重要なのか？

事業承継を含む中長期の経営計画を立て、準備を進めていくことが重要。

事業承継計画の重要性

前項では事業承継の基本的な進め方について見ましたが、次にさらに具体的な事業承継の計画について紹介しましょう。事業承継を成功させるためには、事業承継を含む中長期の経営計画をきっちりと立て、着実に準備を進めていくことが重要です。

事業承継計画が生む利点

事業承継計画を立てることで、現経営者と後継者のやるべきことを整理・再確認することができ、また、必要に応じて対外的に発信することで金融機関や取引先との信頼関係を築くことも期待できます。さらに、後継者の社内業務全般の理解や経営幹部等への認知など、後継者の育成や基盤作りを行うことができます。また、会社の向かうべき方向がはっきりするので、後継者に次代の経営者としての自覚を促し、意識付けをすることができます。

事業承継計画の策定は、次ページのようなステップで進めていきます。

承継方法や後継者が決まっても安心はできません事業承継計画を立てて準備を進めましょう
事業承継計画か…

事業承継計画の策定ステップ①

ステップ1
自社の現状分析

P32の現状分析に加え、事業承継計画の策定では、自社の経営状況や過去の経緯を適正かつ詳細に調査・分析したうえで、自社の次世代に向けての改善点や方向性を検討。

↓

ステップ2
今後の環境変化の予測と対応策・課題の検討

今後、新たに生じる環境などの変化を予測し、それに対する適切な対応策を打ち出し重点的に取り組むべき課題などを検討。

↓

ステップ3
事業承継の時期・方法を盛り込んだ事業の方向性の検討

自社の現状分析と環境変化を予測・検討し、自社の対応方針が明らかになったら、これをもとに中長期的な方向性＝経営ビジョンを固める。

↓

ステップ4
具体的な中長期目標の設定

ステップ3で中長期の方向性が固まったら、それを具体的な中長期目標として設定。具体的な数値目標の設定や、体質強化の目標、先行投資の目標なども設定する。

↓

次ページにつづく

ココがポイント！

- 事業承継計画を立てることで、現経営者と後継者のやるべきことを整理・再確認することができる。
- 事業承継計画の策定によって、後継者の育成や基盤作りを行うことができ、さらには後継者に次代の経営者としての自覚を促し、意識付けができる。

中長期経営計画に事業承継を盛り込む！

事業承継計画書をどう作成する？

事業承継計画書の作成は現経営者と後継者が共同で行うのが望ましい。

事業承継計画の策定ステップ②

ステップ5 円滑な事業承継に向けた課題の整理	後継者を中心とした新経営体制へ移行する際の具体的課題を整理。後継者を含めた経営体制の刷新・教育、経営権の集中に向けた方策、タックスプランなど。
ステップ6 事業承継計画の作成	具体的な数値目標を設定した中長期的な会社の経営計画に、事業承継の時期や、事業承継の課題の解決に向けた対策の実施時期等を盛り込んだ「事業承継計画」を作成。

事業承継計画は後継者と協力して策定することが大切です
後継者にも当事者としての自覚が生まれるはずです
なるほど…

事業承継計画の策定

引き続き事業承継計画の策定ステップについて見ていきましょう。最終的には、事業承継計画書を作成します。事業承継計画には、決まった様式はありませんが、記載すべき主な事項は次ページのとおりです。

作成を共同で行う

なお、この事業承継計画書の作成は、現経営者と後継者が共同で行うことによって、さらに実効性が高まっていきます。

事業承継計画書に記載すべき主な事項

事業承継の概要	後継者の確定、承継方法、承継時期など
中長期目標	経営理念、事業の方向性、将来の数値目標など
事業承継のための 対策・実施時期	関係者の理解、後継者教育、株式・財産の配分など

事業承継計画書

項目		現在	1年目	2年目	3年目	4年目	5年目	…	10年目
事業計画	売上高								
	経常利益								
	経営計画・ 経営課題等								
会社	定款・株式・その他								
現経営者 (○○)	年齢								
	役職								
	関係者の理解								
	後継者教育								
	株式・財産の配分								
	株数(%)								
後継者 (○○)	年齢								
	役職								
	社内教育								
	社外教育								
	株数(%)								

まずは事業承継の大きなタイムスケジュールを作成し、徐々に詳細を決定したり、軌道修正したりして完成させていく。

ココがポイント!

- 現経営者と後継者が共同で事業承継計画を策定することによって実効性が高まる。
- 事業承継計画書は、事業承継の大きなタイムスケジュールから始め、修正しながら作成していく。

事業承継成功の重要なカギ！

物的事業承継と人的事業承継とは？

事業承継では会社の株式や資産などの引き継ぎが注目されがちです
自社株式の引き継ぎのことを考えてしまうね
経営者にとっては相続税や贈与税が絡む問題ですからねついそっちに関心が向いてしまいますが…
たしかに
でも忘れてはならない大事な承継は人です事業承継がうまくいくかは人の引き継ぎ次第といってもいいくらいです

事業承継において重視すべきなのが人の引き継ぎ＝人的承継である。

人的事業承継の重要性

大きく分けると事業承継には、会社の株式や資産を引き継ぐ「物的事業承継」と、社長の交代など、人の引き継ぎを意味する「人的事業承継」の2つがあります。25ページで見た経営理念や信用力などの目に見えにくい経営資源も、実は人に付随して引き継がれるものがほとんどです。

極言すれば、相続税で会社は潰れないが、後継者選びを間違えると会社経営は傾くことがあるといえます。

物的事業承継・人的事業承継

人的事業承継

- 後継者選び、経営権や仕事の引き継ぎ

- 経営者を支える人材の育成と組織づくり、ビジネスモデルの再構築　など

次の後継者を支えるための人材を探し、後継者とともに育成。社長の交代に合わせた組織の見直しと再構築を行う

準備から完了まで５～10年かかる

物的事業承継

- 自社株式
- 事業用の土地・建物、設備
- 運転資金　など

これらの承継が注目されやすく、人的承継に実効性を持たせるために重要だが、実際は事業承継の一部にすぎない

これらの引き継ぎは１～３年が目安

人的事業承継は５～10年かかり、計画的に進めていかなければならない。次にくわしく見ていこう。

ココがポイント!

- **事業承継には、資産などを引き継ぐ物的事業承継と、人を引き継ぐ人的事業承継がある。**
- **物的事業承継のほうが注目されがちだが、事業承継を成功させるためには人的事業承継が重要なポイントとなる。**

▼▼▼ 後継者・現経営者が行うべきこと！

人的事業承継にどう取り組むのか？

人的事業承継は5～10年の中長期スパンで取り組まなければならない課題。

人的事業承継のステップ

前項で人的事業承継の重要性について見ましたが、ここでは人的事業承継のステップやポイントについて紹介していきましょう。

人的事業承継は、一般的に物的事業承継よりも長い時間がかかり、5～10年かけての取り組みになります。なぜなら、見えにくいものや人、組織などは長年の蓄積によるものなので、やり方を変えて定着するのに時間がかかるからです。ステップとしては、まず後継者が決まっていない場合は、できるだけ早く後継者を確定させることが必要です。続いて、後継者を中心とした次期経営幹部チームを組織して、チーム作りと経営陣となるための教育を進めます。そして人的事業承継の準備期間の仕上げが中期事業計画の策定です。これを行うことによって、当事者意識を高めていくことが重要です。

これまで後継者を中心に取り組むべきことを紹介してきましたが、次ページのように現経営者が行っておきたいこともいくつかあります。

memo　事業承継には長期的計画が必要

- **物的事業承継は１～３年でメドをつける**
- **経営幹部候補を交えた中期事業計画は３～５年の実行期間を見据えて策定する**
- **人的事業承継は５～10年かけて実行する**

人的事業承継のステップ

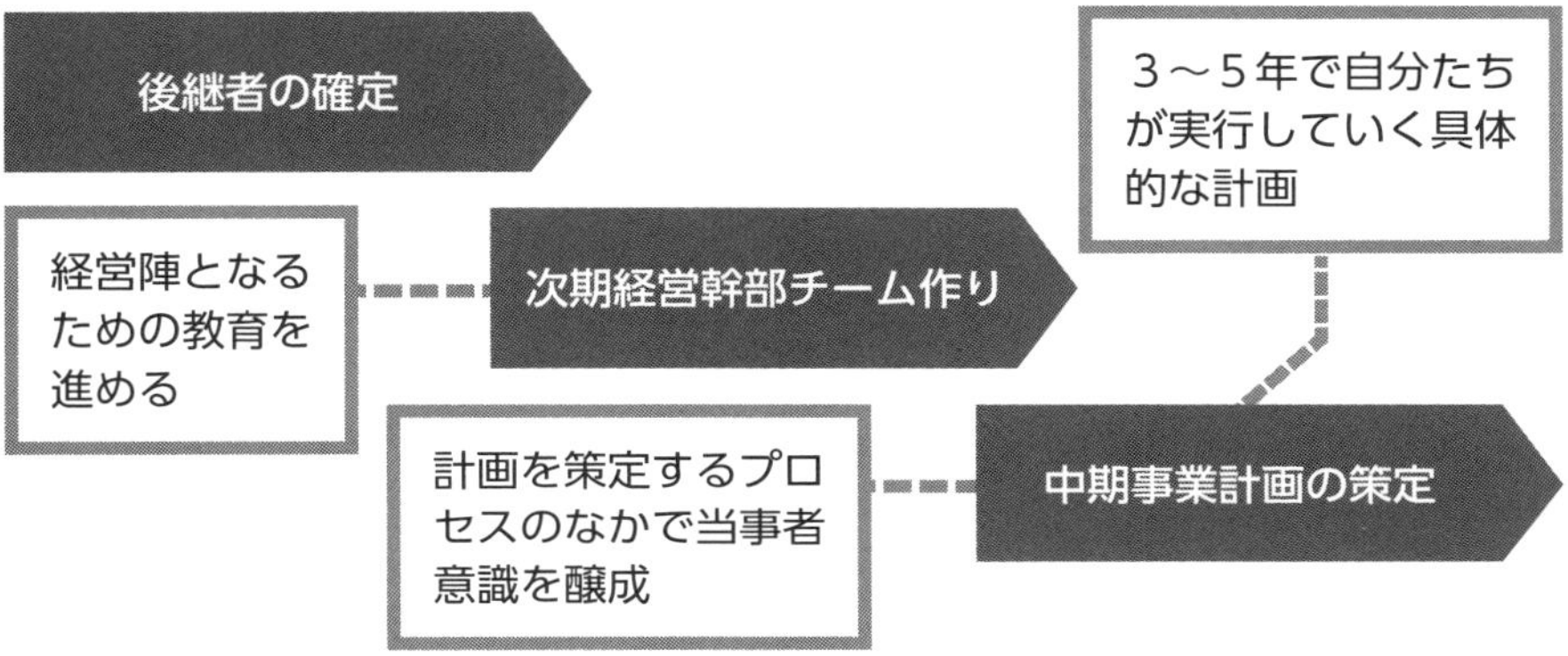
後継者の確定
3～5年で自分たちが実行していく具体的な計画
経営陣となるための教育を進める
次期経営幹部チーム作り
計画を策定するプロセスのなかで当事者意識を醸成
中期事業計画の策定

現経営者が行っておきたいこと

既存事業の収益力強化	代表権の移譲までに収益力をできるだけ高めておく。
見える化 (KPI・承継までの事業計画策定)	承継期間中に「社長の頭の中の見える化」を進めておく。経営にとっての重要指標(KPI)の設定、それを把握するためのシステム化、承継までの期間の事業計画策定は行っておきたい。
自分と同年代の幹部の花道作り	古参幹部が抵抗勢力となってしまうことがある。現経営者自身が退任する前か同時に現経営幹部の花道を作っておくことが望ましい。
会社の理念・魂の明文化	経営理念や会社の魂ともいうべき事項を明文化し伝えていく。
株主の整理	経営に関与しない株主の整理(分散株式の集約など)は、事業承継における最重要事項。

ココがポイント!

- **人的事業承継は5～10年かけて取り組んでいく。**
- **次期経営幹部チームを作り、経営陣となるための教育を行う。**
- **中期事業計画の策定を行い、計画書を作成するプロセスのなかで当事者意識を醸成することが重要である。**

何の対策もしないと大変なことに！

事業承継とともに、なぜ相続対策が必要か？

会社が利用している土地や建物は社長名義になっていませんか？
たしかに自分名義だったと思うけど…
金融機関からの借入金にも経営者の個人保証が付いていたり土地が担保になっていたりするケースはよくあります
うちも一部そうだな
そんな状況で社長に万一のことがあったら大変ですよ事業承継と相続は切っても切れない関係です事業承継と同時に相続対策も検討しましょう

事業承継と同時に、必要な相続対策を検討し、実行していくことが重要。

同時に進めたい相続対策

中小企業の場合、会社の株式はもちろん、会社の土地や建物なども、経営者個人の名義になっていることがあります。このような場合、何らかの相続対策をしておかないと、万一のときに大変なことになってしまいます。事業承継と同時に、必要な相続対策を検討し、その対策を実行していくことが重要になります（相続税については第2章、相続対策については第5章で紹介する）。

資産の洗い出し・相続への準備

現経営者の資産や負債に関わるものをすべて洗い出し、整理する。そのうえで、必要な相続対策を検討し、相続への準備を行っていく。

個人用

- 居住用の土地・建物
- その他不動産、個人名義の預貯金・有価証券、保険、ゴルフ会員権、自動車など

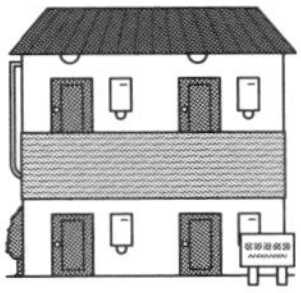

＋

事業用

- 会社の株式（現在の評価額で見積もる）→第３章参照
- 会社の土地・建物（会社に貸出し）
- 金融機関の借入金に対する個人保証・連帯保証など

相続財産の評価額を算出
↓
これをもとに、相続税を試算し、対策を検討する（詳細は第５章）

個人用 ↓
後継者以外の相続人も含めて分割して相続

どのように分けるかが問題。遺産分割対策が必要（第５章参照）

事業用 ↓
後継者に引き継ぐ

ココがポイント！

- 事業承継と相続は切っても切れない関係。事業承継の準備と相続対策は同時に進める。
- 現経営者の資産や負債に関わるものをすべて洗い出し、必要な相続対策を検討し、その対策を実行していく。

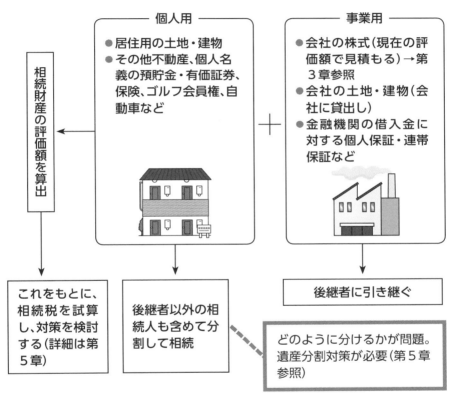

多額のお金がかかることもある！

事業承継に必要な資金は？

事業承継に必要な資金を把握し、資金の調達方法を検討する。

事業承継に必要な資金

	会社	後継者
現経営者の引退に際して必要な資金	●現経営者への退職金	－
事業用資産の承継に際して必要な資金	●現経営者からの自社株式の買取資金 ●現経営者からの事業用不動産等の買取資金	●現経営者からの自社株式の買取資金 ●現経営者からの事業用不動産等の買取資金 ●贈与税・相続税の納税資金
その他必要資金	●分散株式の買取資金	●分散株式の買取資金 ●他の相続人への代償分割資金

さまざまな場面で資金が必要

この章の最後に、事業承継にはどのくらい費用がかかるのか？ 必要な資金について紹介しておきましょう。上の表のように事業承継では、さまざまな場面において、会社や後継者に資金負担が生じます。これらの資金を会社や後継者が用意できればよいのですが、多額であることから確保が難しい場合もあります。その場合の資金の調達方法として、次ページのような方法があります。

必要な資金の把握

自社株式の買取資金

→第3章参照

事業用不動産等の買取資金

贈与税・相続税の納税資金

→第2章参照

必要な資金の把握
（誰が、いつ、いくら必要なのか）

事業承継に必要な資金を把握したら、自社の実情に応じた資金調達の方法を検討する。

資金調達の方法

民間金融機関	従来から取引をしていた民間金融機関からの融資	
事業承継に必要な資金に対する低利融資と信用保証	低利融資	事業承継のための資金を必要とする場合に、日本政策金融公庫等が低利融資を行っている。
	信用保証	経営承継円滑化法（P102参照）に基づく認定を得た会社等が、事業承継に関する資金を金融機関から借り入れる場合には、信用保証協会の通常の保証枠とは別の枠が用意されている。

ココがポイント！

- **事業承継では、自社株式の買取資金や事業用不動産等の買取資金など、さまざまな場面で資金が必要になる。**
- **事業承継に必要な資金に対する低利融資と信用保証の制度が設けられている。**

Column

承継する側・される側、互いに必要なこと

　後継者を誰にするにしても、事業承継を成功させるポイントの一つに、承継する側、承継される側がお互いに「感謝」しあえるかどうか、があります。

　親族内承継でよくあるのが、承継される親は「事業を譲ってやる」、承継する息子は「事業を継いでやる」という気持ちを持つケースで、こうした場合はいくら事業承継対策をしてもほとんどがうまくいきません。

　先代経営者は激動の景気の波にもまれながら、社会に貢献し、従業員とその家族を養い、企業を今の状況まで発展させてきました。人間的に好き嫌いはともかく、企業を引っ張っていくことは並大抵の覚悟ではできませんし、今の状況まで企業を維持してきたことについては驚嘆に値すると思います。

　その企業を引き継ぐ後継者は、その覚悟と努力を素直に尊敬し、まずは先代経営者の企業文化を引き継ぐことから始めることで、事業承継がうまくいくようです。

　他方、先代経営者も、この先行き不透明な経済情勢の中で引き継ぐことを決断した後継者に対しても感謝せねばならないと思います。

　特に、経営権を委譲してしまった後は、後継者の経営方針に口出しをせず、尊重して見守ることが円滑な事業承継につながっているようです。

第2章

相続税の基本

相続に関する問題は
意思決定に
期限があるので、
事前の準備が
ポイントです。

事業承継を行う上で必要不可欠なのが相続税対策です。万が一の際に後継者や会社が混乱しないよう、相続税のしくみなどを理解しておく必要があります。相続税の算出方法や申告・納付のしかたについても解説します。

マンガでわかる
知識ゼロからの相続税

先生　万一に備えて父親の相続についても考えておいた方がいいでしょうか？
はい　万一のことがあると相続税の問題が発生します御社の場合　事務所や運送車両　車庫　倉庫などが社長名義になっていますから相続税についても対策が必要でしょう
相続税か…何をどうしたらいいのか
もしもの時のためにもまずは社長の資産や負債をすべて洗い出して把握することです
負債の洗い出し…ですか？
そうです相続税についても一緒に検討していきましょう

おお　お疲れさま　2人で真面目な顔してどうした?
父さんにもしものことがあったら大変だって話だよ
まあ　母さんもいるししっかり者の彩美もいるし大丈夫だろう
いま栄一さんと相続について話をしていたのですが社長も万一に備えて遺言書を作っておくといいかもしれません
いくら事前準備が大切だからといってさすがに遺言書は早くないですか?
そんなことはありません社長が亡くなった後相続をめぐって家族間でモメないためにも遺言書は大切です
社長がお元気なうちに贈与という形で財産を引き継がせることもできます贈与の場合は贈与税がかかりますが相続時精算課税という制度もあります
うんうん
だんだんオレの居場所がなくなってきたな…

積極財産も消極財産も承継！

そもそも相続とは何か？

人が死亡すると相続が開始され、その人の全財産は特定の人に承継される。

相続とはどのようなものか？

この章のテーマは相続税ですが、税金の話に入る前に、そもそも相続とは何か、法律上どのように規定されているのかを見ておきましょう。

相続とは、人の死亡によって、その人（被相続人）の財産上の地位を特定の人に承継させることをいいます。この場合の財産上の地位とは、一切の権利・義務、つまり全財産のことです。土地や建物、現金などの積極財産（資産）のほか、借金などの債務といった消極財産（負債）も含まれます。

相続の開始と相続人

相続は、人の死亡（自然死）によって開始されますが、人が行方不明でその生死が判明しないときは、失踪宣告によっても相続が開始します。

また、被相続人（亡くなった人）の財産を引き継ぐことができる一定範囲内の人のことを相続人といいます。相続人となるのは、民法により被相続人の配偶者と一定の血族に限られ、次ページの順位で相続します。

Column

失踪宣告とは？

不在者の生死が7年以上不明であるとき（普通失踪）、または戦地、沈没した船舶、墜落した飛行機などにいた者で、危機があった後1年以上の生死が不明であるとき（危難失踪）は、家庭裁判所は利害関係人の申立てにより失踪宣告を行う。普通失踪の場合は7年経過後に、危難失踪の場合は危難が去ったときに死亡したものとみなされて、相続が開始される。

相続とは?

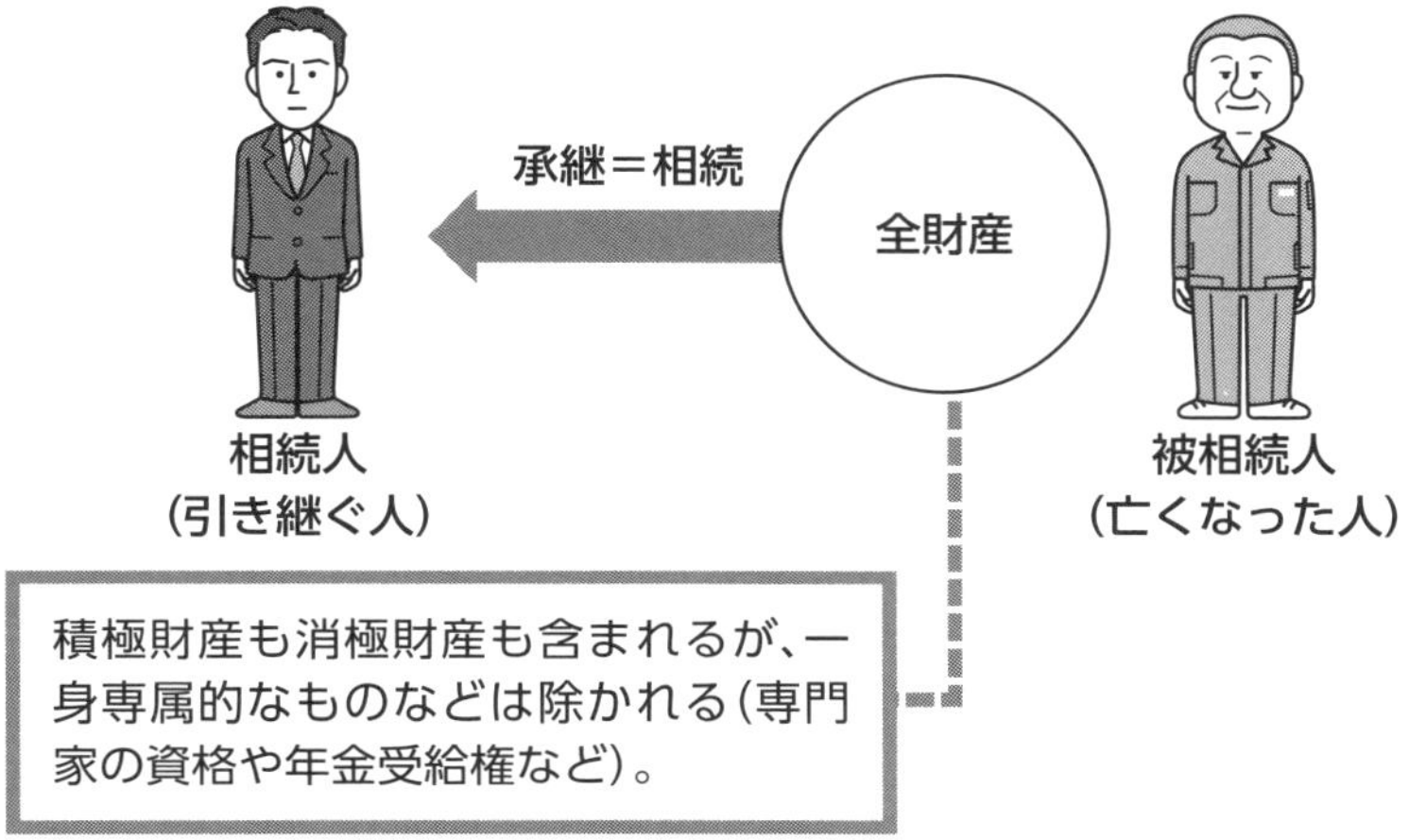
承継＝相続
全財産
相続人
(引き継ぐ人)
被相続人
(亡くなった人)
積極財産も消極財産も含まれるが、一身専属的なものなどは除かれる(専門家の資格や年金受給権など)。

相続人の範囲と順位

兄弟姉妹
直系尊属
子
配偶者
第３順位
第２順位
第１順位
常に相続人

第１順位である子がいない場合に第２順位の直系尊属(父母)が相続人となり、子も直系尊属もいない場合に第３順位の兄弟姉妹が相続人となる。配偶者は常に相続人となり、他に相続人がいる場合は、それらの者と同順位で相続する。

ココがポイント!

- **相続とは、人の死亡によって、その人(被相続人)の財産上の地位を特定の人に承継させること。**
- **相続財産には積極財産だけではなく、消極財産も含まれる。**
- **相続人の順位は、第1順位が子、第2順位が直系尊属、第3順位が兄弟姉妹で、配偶者は常に相続人となる。**

相続財産を相続する割合が相続分！

相続する割合はどうなっている？

遺言による相続分の指定がない場合は法定相続分によることになる。

法定相続分とは？

相続人が複数いる場合、これらの相続人（共同相続人という）がそれぞれ相続財産を相続する割合を相続分といいます。相続分には、指定相続分と法定相続分があります。被相続人は遺言によって相続分を指定することができ、これが指定相続分です。遺言による指定がない場合は民法で定める相続分によることになります。これが法定相続分であり、上の図のように定められています。

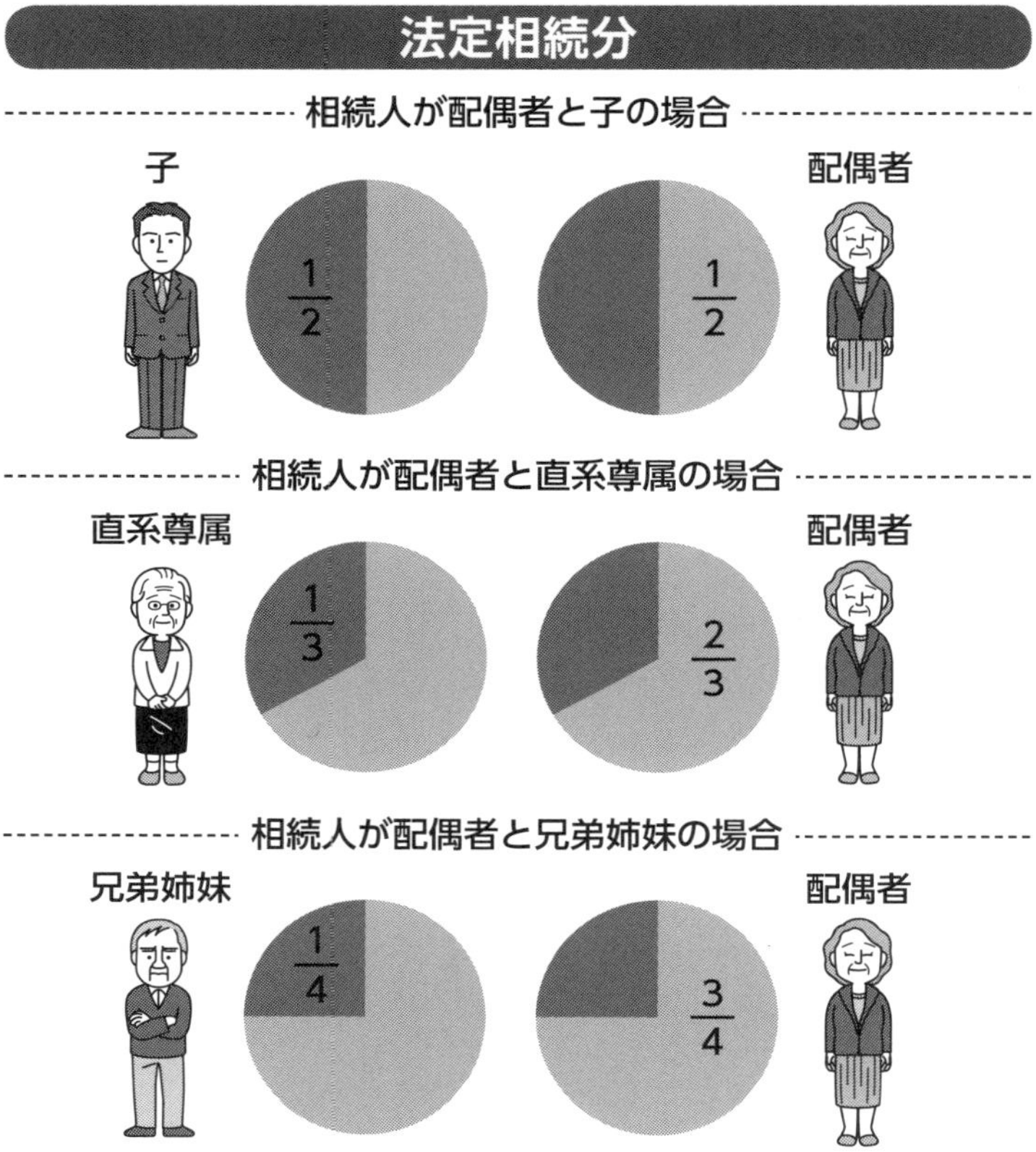

同一順位の相続人が複数いるときには、配偶者以外は各人の相続分は均等である。

代襲相続

＜被相続人の死亡時に子がすでに死亡していたケース＞

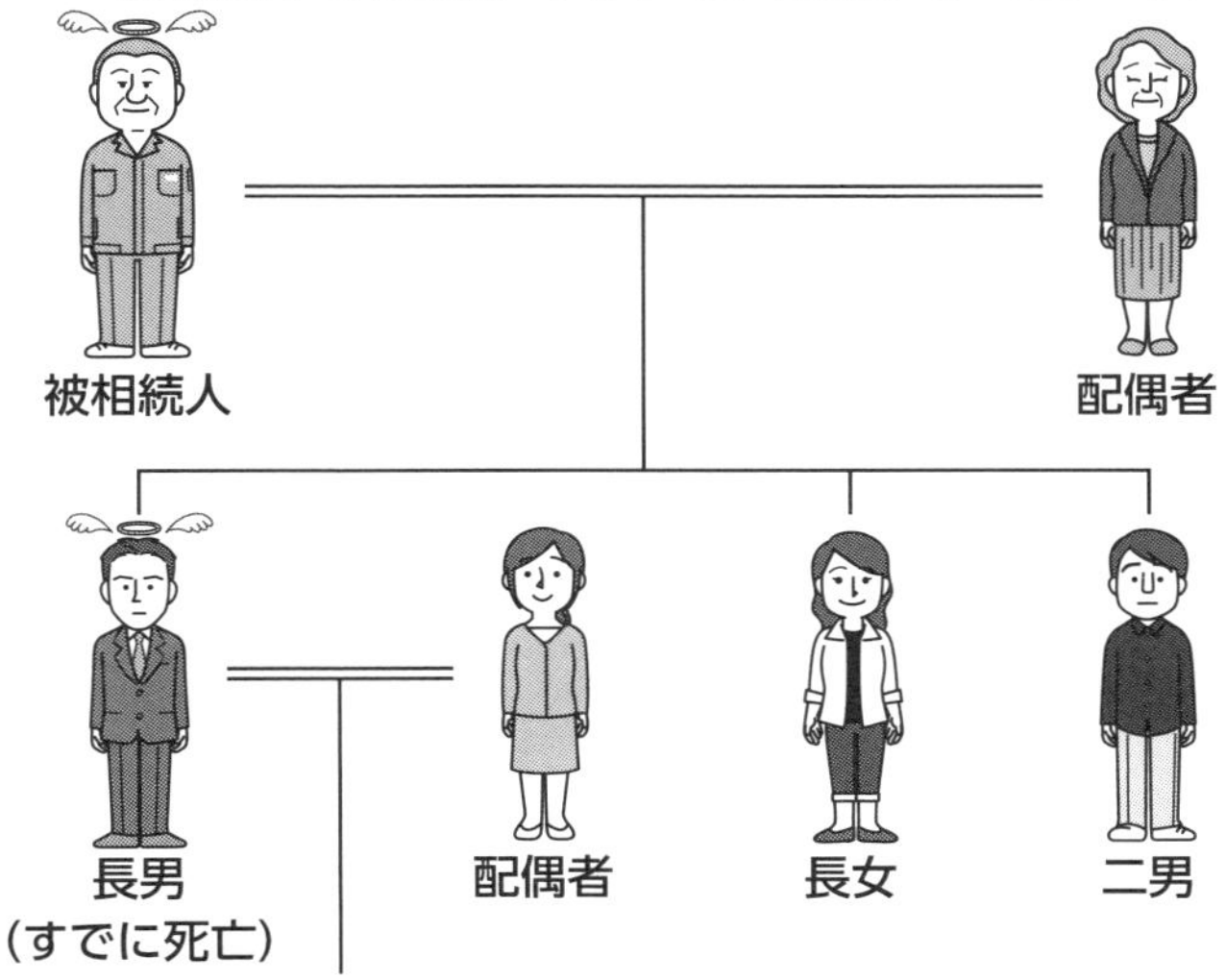
被相続人
配偶者
長男
（すでに死亡）
配偶者
長女
二男

孫

孫は直接的には相続人とはならない。しかし、このケースのように相続発生時に子（孫の父または母）が死亡していた場合、孫は子の相続分について相続することになる。これを代襲相続という。

このケースでは代襲相続分は６分の１（１／２×１／３）。代襲相続人が複数いる場合には均等に分ける。

ココがポイント！

- 相続分には、指定相続分と法定相続分がある。
- 法定相続分は、相続人が配偶者と子の場合は1／2ずつ。相続人が配偶者と直系尊属の場合は2／3、1／3。相続人が配偶者と兄弟姉妹の場合は3／4、1／4。
- 相続発生時に子が死亡していた場合に、孫が子の相続分について相続することを代襲相続という。

相続するか、しないかを選択！

相続したくない場合は？

仮に多額の借金があったら
そのまま相続すると大変なことに…
相続の放棄という選択肢もあります
ただし　相続を放棄するには
相続を知ったときから
3カ月以内に家庭裁判所へ
申述しなければなりません
3カ月を
過ぎると？
単純承認したもの
とみなされます
つまり　借金も含めて
全財産を相続する
ことになります

相続開始があったことを知ったときから3カ月以内に意思決定をする。

相続の承認と放棄

相続人は、原則として被相続人の財産を引き継ぎますが、多額の債務があるような場合には、相続をしたくないこともあります。

そこで、相続人は、相続開始があったことを知ったときから3カ月以内に、単純承認、限定承認、相続の放棄（次ページ参照）のうちいずれかを選択し、相続するかどうかの意思決定をすることになっています。

相続の承認と放棄

単純承認	被相続人の財産（積極財産・消極財産）のすべてを無条件で相続すること。単純承認の意思表示は手続きを必要とせず、相続開始があったことを知ったときから３カ月以内に限定承認または相続の放棄をしなかったときは単純承認したものとみなされる。
限定承認	相続人は受け継いだ資産（積極財産）の範囲内で負債（消極財産）を支払い、積極財産を超える消極財産については責任を負わないという相続の方法。
相続の放棄	相続財産の承継を拒否すること。相続財産のうち消極財産が多い場合、または積極財産を承継したくない相続人がいる場合に利用される。

遺産の分割

相続人が複数いるときは、被相続人の財産は共同相続人の共有の状態にある。この共有の状態のものを各相続人に帰属させる方法が遺産分割である。

協議分割	指定分割
共同相続人全員の協議によって分割する方法。被相続人の遺言による指定がない場合はこの方法による。	被相続人が、遺言で分割の方法を定め、または分割方法を第三者に委託することによって分割する方法。

現実の財産の分割方法には、①現物分割（相続する数量、金額、割合を決めて分割）、②換価分割（相続によって取得した財産を金銭に換価して分割）、③金銭代償（特定の者が遺産を取得し、その代償として金銭を他の相続人に支払う方法）がある。

ココがポイント!

- **相続人は、相続開始があったことを知ったときから3カ月以内に、単純承認、限定承認、相続の放棄のうちいずれかを選択し、相続についての意思決定をする。**
- **共有の状態にある被相続人の財産を各相続人に帰属させる方法が遺産分割。遺産分割の方法には、指定分割と協議分割がある。**

遺言はどのように行うのか？

遺言とは、遺言者の死亡後の法律関係を定める最終の意思表示である。

遺言の効力

遺言とは、遺言者（被相続人）の死亡後の法律関係を定める最終の意思表示のことで、遺言者の死亡により、その効力が発生します。ですから、自分の死亡後に相続をめぐるトラブルが起こらないようにしたいときなどには、遺言の作成が有効です。

遺言の作成は、満15歳以上で、かつ意思能力のある人に認められています。

遺言の方式

遺言は、遺言者の意思がそのまま実現されるように、また偽造や変造の問題が発生しないように、民法上、厳格な方式が求められています。

遺言には、普通方式遺言と特別方式遺言がありますが、一般的なのは普通方式遺言で、特別方式遺言は通常使われません。普通方式遺言には、自筆証書遺言、公正証書遺言、秘密証書遺言の3種類があります。

自分の死亡後に家族間でトラブルが起こるかも
遺言状を作成しておくとよいでしょう

普通方式遺言

種類	自筆証書遺言	公正証書遺言	秘密証書遺言
作成方法	本人が遺言の全文・日付・氏名等を書き、押印する。パソコン、テープレコーダー不可	本人が遺言の趣旨を口授し、公証人がこれを筆記する	本人が遺言書に署名押印の後、遺言書を封じ同じ印で封印。公証人の前で本人の遺言である旨と住所氏名を申述
場所	自由	公証役場	公証役場
証人	不要	証人２人以上	証人２人以上
署名押印	本人	本人、公証人、証人	本人、公証人、証人
家庭裁判所の検認※	必要	不要	必要
特徴	秘密が保持でき、手続きが簡便。内容が不明確になる恐れ、紛失、偽造、変造等の危険がある	内容が明確。紛失、偽造、変造等の危険がない。手続きが煩雑で費用がかかる	遺言内容について秘密が保持できる。紛失、偽造、変造等の危険が少ない

※検認の手続きとは、遺言書が法定の条件を満たしているかどうかのみを確認する形式的な手続きのことである。

ココがポイント!

- **遺言は、遺言者（被相続人）の死亡後の法律関係を定める最終の意思表示。**
- **遺言は、遺言者の死亡により、その効力が発生する。**
- **普通方式遺言には、自筆証書遺言、公正証書遺言、秘密証書遺言がある。**

遺言に優先する分！

遺留分とはどのようなもの？

残された遺言書によると長男が全財産を相続することになる
そうなると私の相続分はゼロ…
遺留分が認められていますよ
遺留分？
請求すれば最低限取得できる分のことですよ

遺留分とは、相続人が最低限取得できる財産を保障している制度である。

遺留分とは？

遺言者は、遺言により、共同相続人の相続分を指定したり、相続財産を特定の者に与えたりすることが自由にできます。しかし、遺言で財産の処分を無制限に認めると、被相続人の遺族（相続人）の生活が保障されなくなる可能性があります。そこで民法は、遺言に優先して、相続人のために残しておくべき最低限の財産の割合を定めています。これが遺留分の制度です。

遺留分

遺留分権利者	遺留分は、相続人のうち、配偶者、子（その代襲相続人）、直系尊属に認められ（遺留分権利者という）、兄弟姉妹には認められない。
遺留分の減殺	遺言による相続分の指定、または生前の贈与によって遺留分が侵害された場合、遺留分をもつ相続人（遺留分権利者）は、遺留分減殺請求権により、減殺して取り戻すことができる。遺留分減殺請求権は、裁判で請求する必要はなく、遺留分を侵害する者に対する遺留分減殺の意思表示で足りる（ただし、相続の開始を知った時から1年以内。通常は内容証明郵便で行う）。
遺留分の割合	遺留分の割合は、相続人が直系尊属のみの場合は、被相続人の財産の３分の１、その他の場合は２分の１である。

<相続人が配偶者と２人の子である場合の遺留分の割合>

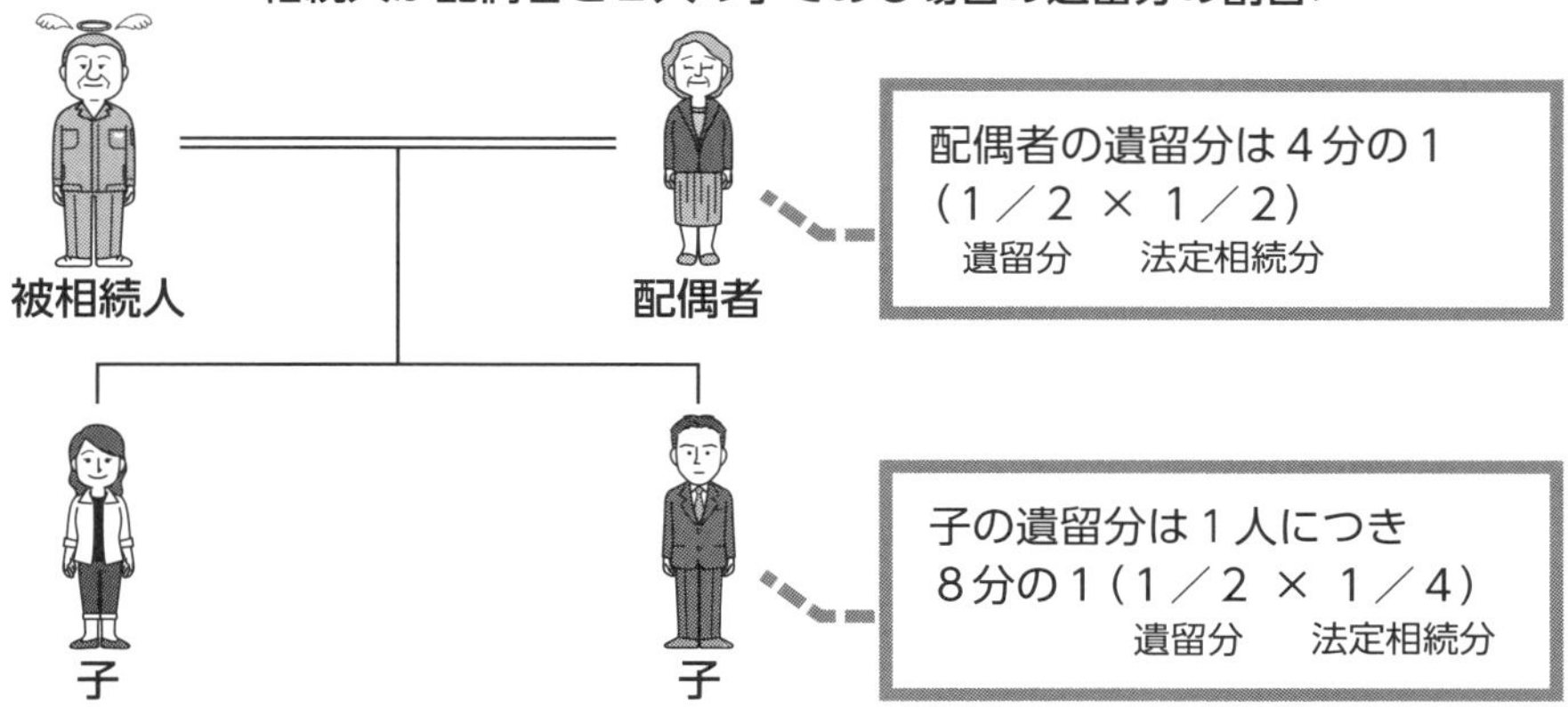
被相続人
配偶者
配偶者の遺留分は４分の１
（１／２ × １／２）
遺留分　法定相続分
子
子
子の遺留分は１人につき
８分の１（１／２ × １／４）
遺留分　法定相続分

ココがポイント！

- **遺留分は、配偶者、子、直系尊属に認められ、兄弟姉妹には認められない。**
- **遺留分の割合は**
  相続人が直系尊属のみの場合→財産の3分の1
  その他の場合→財産の2分の1
  である。

相続したら税金がかかることも！

相続税とはどのような税金か？

相続税は相続や遺贈によって財産を取得した個人に課される税金。

相続税の計算の流れ

ステップ①	各人の課税価格の計算	相続や遺贈によって財産を取得した人ごとに課税価格を計算	詳細はP64
ステップ②	相続税の総額の計算	課税価格の合計額をもとに相続税の総額を計算	詳細はP66
ステップ③	各人の相続税額の計算	相続税の総額を、財産を取得した人の課税価格に応じて割り振って税額を計算	詳細はP68
ステップ④	各人の納付税額の計算	③で計算した税額から各種税額控除を差し引いて納付税額を計算	詳細はP68

各ステップについては後でくわしく見ていく。ここでは流れを押さえておきましょう
相続税の計算って難しそう…

相続税とは？

相続の基本的なしくみが理解できたところで、ここからは相続税について見ていきましょう。

相続税とは、被相続人から相続や遺贈（遺言による財産の無償供与）により財産を取得した人の課税価格の合計額が「遺産に係る基礎控除額」（65ページ参照）を超える場合に、その財産を取得した個人に課される税金です。相続税の計算は上の図のような流れで行います。

納税義務者と課税財産の範囲

相続税の納税義務者(相続税がかかる人)および相続税が課される財産の範囲は、以下のようになっている。

相続税のかかる人	課税される財産の範囲
①相続や遺贈で財産を取得した人で、財産をもらったときに日本国内に住所を有している人	取得した国内外すべての財産
②相続や遺贈で財産を取得した人で、財産をもらったときに日本国内に住所を有しておらず次の要件すべてにあてはまる人 ●財産をもらったときに日本国籍を有していた ●被相続人または財産をもらった人が被相続人の相続開始前10年以内に日本国内に住所を有していたことがある	取得した国内外すべての財産
③相続や遺贈で財産を取得した人で、財産をもらったときに日本国内に住所を有しておらず次の要件すべてにあてはまる人 ●財産をもらったときに日本国籍を有していない ●被相続人がその死亡の日に日本国内に住所を有していた、または国外に居住する被相続人が相続開始前10年以内に日本国内に住所を有していたことがある	取得した国内外すべての財産
④相続や遺贈で日本国内にある財産を取得した人で日本国内に住所を有しない人(②および③を除く)	日本国内にある財産

※上記①〜④のいずれにも該当しない人で贈与により相続時精算課税(76ページ参照)の適用を受ける財産を取得した人は、相続時精算課税の適用を受ける財産について課税される。

ココがポイント!

●相続税とは、被相続人から相続や遺贈により財産を取得した人の課税価格の合計額が、遺産に係る基礎控除額を超える場合に、その財産を取得した個人に課される税金。

●相続によって財産を取得したときに、日本国内に住所を有している人は、取得した国内外すべての財産について課税される。

※日本国内に住所を有している人でも、在留資格を持って一時滞在をしている外国人等の場合は、課税される財産の範囲が日本国内にあるものに限定される。

相続税が課税されるか、されないか？

相続税の課税財産・非課税財産とは？

相続税は相続によって取得した財産に課税。ただし一定のものは非課税。

課税財産

相続税は、被相続人の財産を相続や遺贈によって取得した場合に、その取得した財産にかかります。この場合の財産（課税財産）には、上の図のように本来の相続財産とみなし相続財産があります。

非課税財産

相続した財産のうち、次ページのように一定のものについては相続税がかからないことになっています（非課税財産）。

相続税の課税財産

本来の相続財産
現金、預貯金、有価証券、宝石、土地、家屋などのほか貸付金、特許権、著作権など金銭に見積もることができる経済的価値のあるすべてのもの

みなし相続財産
相続や遺贈により取得した財産には該当しないが、それと同様な経済的効果があるものは、みなし相続財産として課税対象となる。死亡退職金、被相続人が保険料を負担していた生命保険契約の死亡保険金など

生命保険にも相続税がかかりますか？
みなし財産として課税対象になりますただし一定金額までは非課税ですよ

相続税の主な非課税財産

- 墓地や墓石、仏壇、仏具、神を祭る道具など日常礼拝をしているもの（ただし、骨とう的価値があるなど、投資の対象となるものや商品として所有しているものは課税対象）
- 相続によって取得したとみなされる生命保険金のうち、500万円に法定相続人の数を掛けた金額までの部分
- 相続によって取得したとみなされる退職手当金等のうち、500万円に法定相続人の数を掛けた金額までの部分
- 相続や遺贈によって取得した財産で相続税の申告期限までに国または地方公共団体や公益を目的とする事業を行う特定の法人に寄附したものなど

＜相続人が配偶者と２人の子である場合の生命保険金の非課税金額＞

500万円×３人＝1,500万円…非課税

法定相続人の数は、相続の放棄があっても、その放棄がなかったものとした場合の相続人の数とする

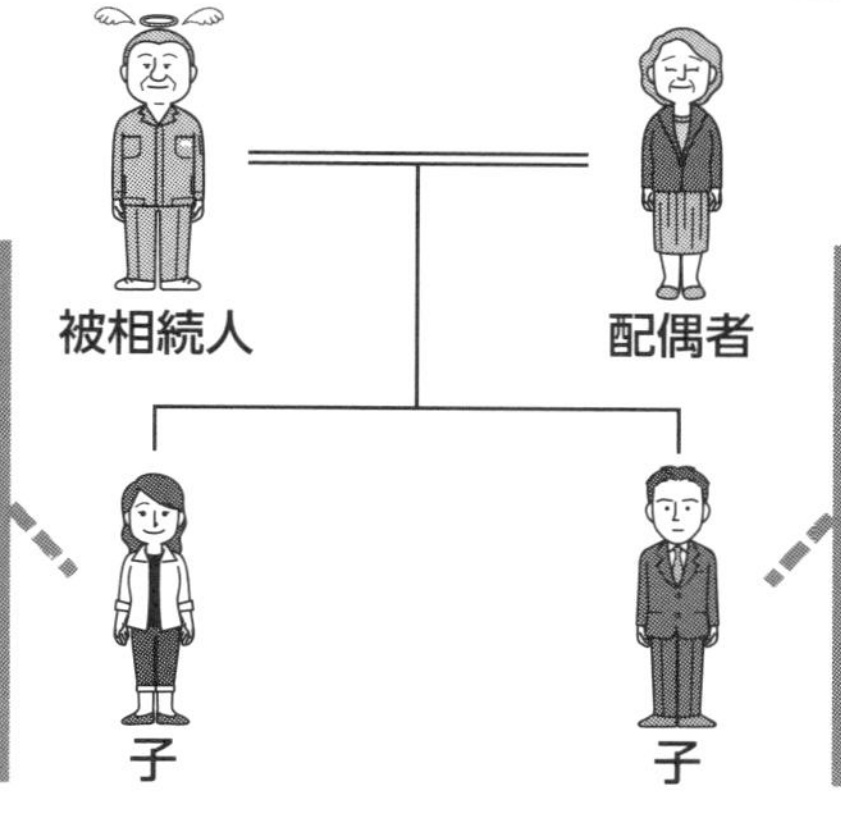

養子がいる場合、法定相続人の数に含める養子の数は、実子がいるときは1人まで、実子がいないときは2人まで

ココがポイント！

- **預貯金、有価証券、土地、家屋などのほか貸付金など金銭に見積もることができる経済的価値のあるすべてのものが課税対象となる（本来の相続財産）。**
- **死亡退職金や生命保険金などは、みなし相続財産として課税対象となる。**
- **生命保険金の非課税金額＝500万円×法定相続人の数。**

第1ステップ！　課税価格・課税遺産総額の計算

相続税はどのように計算する？①

まずは各人の課税価格を計算し、続いて課税遺産総額を計算する。

各人の課税価格の計算

相続または遺贈により取得した財産の価額 ＋ みなし相続等により取得した財産の価額 − 非課税財産の価額 ＋ 相続時精算課税に係る贈与財産の価額 − 債務および葬式費用の額 ＋ 相続開始前3年以内の贈与財産の価額

＝ 各人の課税価格

被相続人の借入金などの債務（被相続人が死亡したときにあった債務で確実と認められるもの）を遺産総額から控除することができる。葬式費用は債務ではないが、相続税を計算するときは、一定のものを除き遺産総額から差し引くことができる

被相続人から死亡前3年以内に贈与により取得した財産…相続や遺贈で財産を取得した人が、被相続人の死亡前3年以内に被相続人から財産の贈与を受けている場合には、原則としてその財産の贈与されたときの価額を相続財産の価額に加算する

課税価格の計算

相続税の計算は、まず、相続や遺贈および相続時精算課税の適用を受ける贈与によって財産を取得した人ごとに、課税価格を上の図のように計算します。

課税遺産総額の計算

次に、各人の課税価格の合計額を計算します。そしてその合計額から遺産に係る基礎控除額（次ページ参照）を差し引き、課税される遺産総額を算出します。

課税遺産総額

各人の課税価格を合計（課税価格の合計額） － 遺産に係る基礎控除額 ＝ 課税遺産総額

遺産に係る基礎控除額…3,000万円＋600万円×法定相続人の数

法定相続人の数は、相続の放棄があっても、その放棄がなかったものとした場合の相続人の数とする、また養子がいる場合、法定相続人の数に含める養子の数は、実子がいるときは1人、実子がいないときは2人まで

＜相続人が配偶者と２人の子である場合の遺産に係る基礎控除額＞

3,000万円＋600万円×３人＝4,800万円

課税価格の合計額が遺産に係る基礎控除額を超える場合に相続税がかかる。
このケースでは4,800万円を超える場合に課税される。

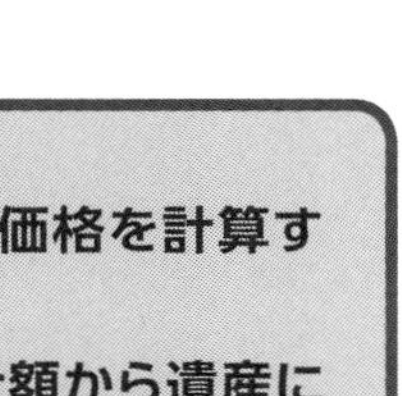

ココがポイント！

- 相続や遺贈によって財産を取得した人ごとに、課税価格を計算する。
- 各人の課税価格の合計額を計算し、課税価格の合計額から遺産に係る基礎控除額を差し引いて、課税遺産総額を算出する。
- 遺産に係る基礎控除額＝3,000万円+600万円×法定相続人の数。

相続税はどのように計算する？②

法定相続人ごとの税額を算出し、これを合計して相続税の総額を計算する。

相続税の総額の計算

続いて、相続税の総額を計算します。前項で見た課税遺産総額を、実際の取得分は関係なく各法定相続人が民法に定める法定相続分に従って取得したものと仮定して、各法定相続人の取得金額を計算します。

この各法定相続人の取得金額に税率を乗じて相続税の総額のもととなる税額を算出します。そして、各法定相続人の算出税額を合計して相続税の総額を計算します。

相続税の総額の計算

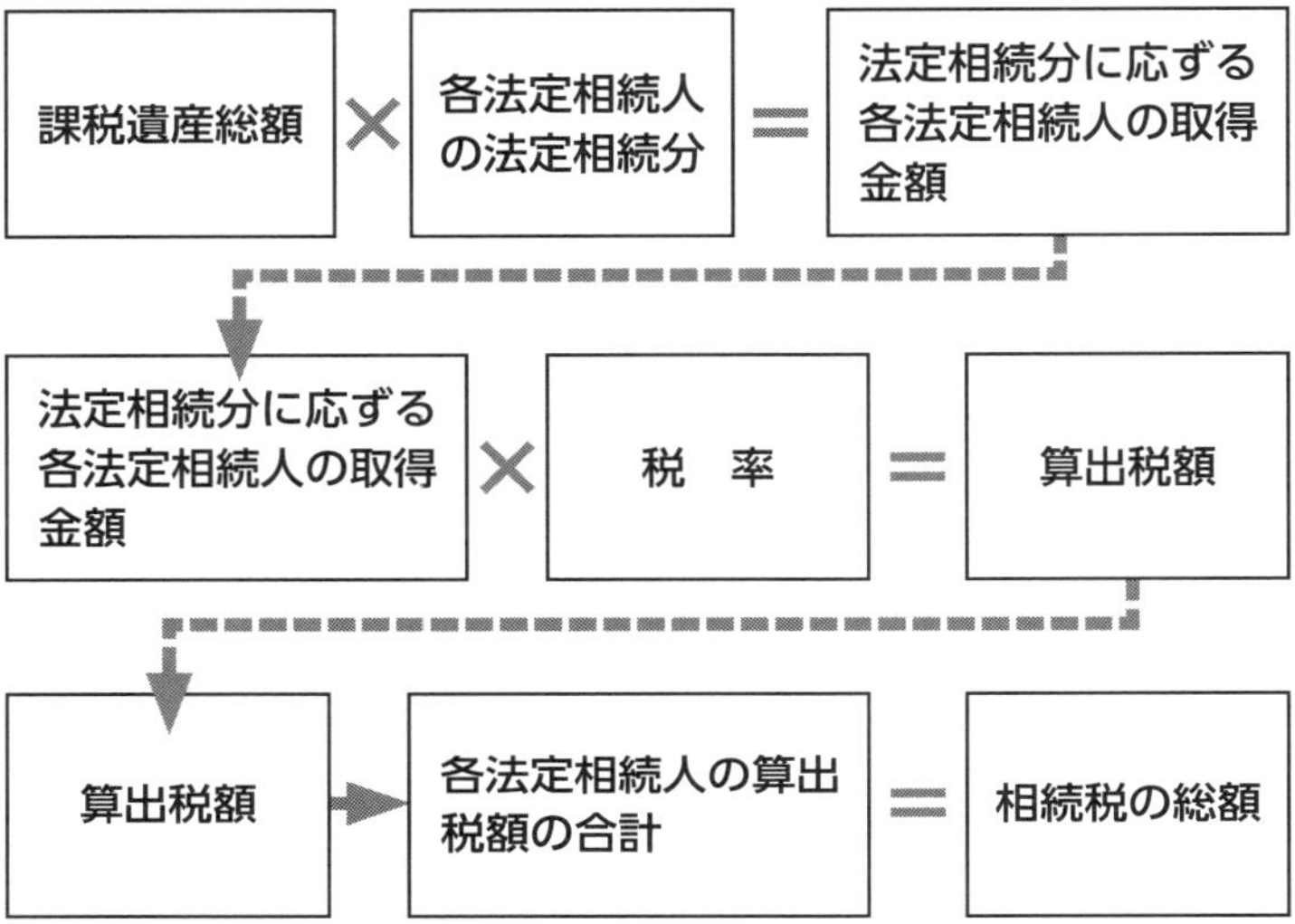

［平成27年1月1日以降の場合］相続税の速算表

法定相続分に応ずる取得金額	税率	控除額
1,000万円以下	10%	－
3,000万円以下	15%	50万円
5,000万円以下	20%	200万円
1億円以下	30%	700万円
2億円以下	40%	1,700万円
3億円以下	45%	2,700万円
6億円以下	50%	4,200万円
6億円超	55%	7,200万円

法定相続分に応ずる取得金額が4,000万円の場合、次のように計算する。
4,000万円×20％－200万円＝600万円

相続税の総額の計算例

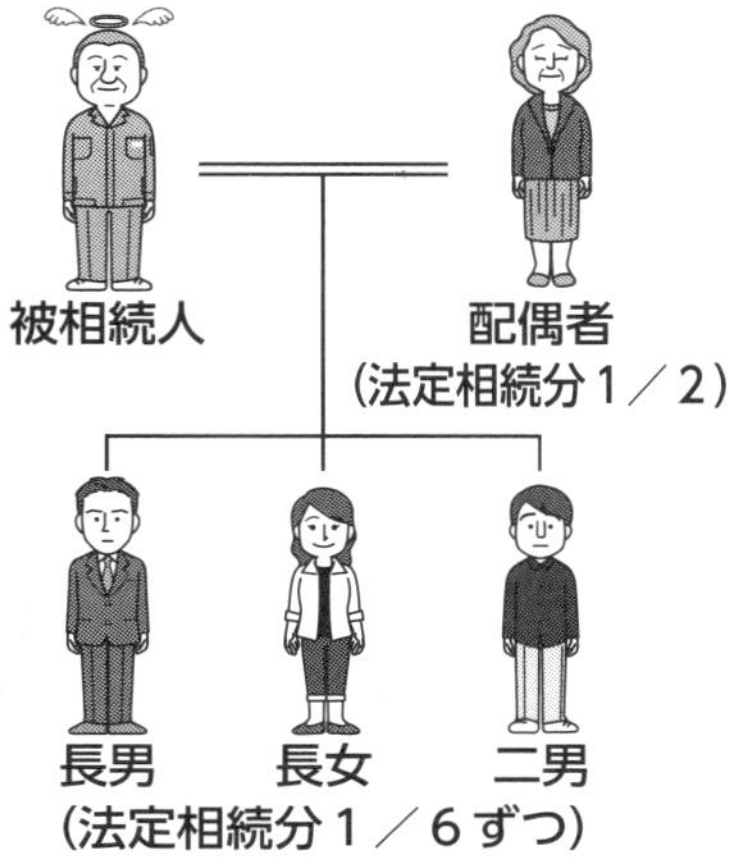
被相続人
配偶者
(法定相続分1／2)
長男
長女
二男
(法定相続分1／6ずつ)

法定相続人…配偶者と3人の子(実子)
課税価格の合計額…1億7,400万円

遺産に係る基礎控除額

3,000万円＋600万円×4人＝5,400万円

課税遺産総額

1億7,400万円－5,400万円＝1億2,000万円

法定相続分に応ずる各法定相続人の取得金額

- 配偶者…1億2,000万円×1／2＝6,000万円
- 子(1人につき)…1億2,000万円×1／6＝2,000万円

算出税額

- 配偶者…6,000万円×30％－700万円＝1,100万円
- 子(1人につき)…2,000万円×15％－50万円＝250万円

相続税の総額

1,100万円＋250万円×3人＝1,850万円

ココがポイント!

●課税遺産総額を、各法定相続人が法定相続分に従って取得したものと仮定して、各法定相続人の取得金額を計算する。
●各法定相続人の取得金額に税率を乗じて相続税の総額のもととなる税額を算出する。
●各法定相続人の算出税額を合計して相続税の総額を計算する。

▼▼▼第3・第4ステップ！ 各人の相続税額・納付税額の計算

相続税はどのように計算する？③

各人の相続税額を計算し、そこから税額控除を差し引き、納付税額を算出。

各人の相続税額の計算

前項の相続税の総額を、財産を実際に取得した人の課税価格に応じて割り振って、財産を取得した人ごとの税額を算出します。

各人の納付税額の計算

続いて財産を取得した人ごとの相続税額から、配偶者の税額軽減や未成年者控除など、各種控除額を差し引きます。この残りの額が最終的な各人の納付税額になります。

各人の相続税額の計算

相続税の総額 × 各人の課税価格 ÷ 課税価格の合計額 ＝ 各人の相続税額

各人の納付税額の計算

各人の相続税額 × 相続税額の2割加算（下記参照） － 贈与税額控除 － 配偶者の税額軽減

－ 未成年者控除 － 障害者控除 － 相次相続控除 － 外国税額控除

＝ 各人の納付税額

※相続時精算課税制度を選択していない場合

相続税額の2割加算
相続や遺贈によって財産を取得した人が、被相続人の一親等の血族（代襲相続人となった孫を含む）および配偶者以外の人である場合には、その人の相続税額にその相続税額の2割に相当する金額が加算される。

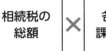

各人の相続税額の計算例

法定相続人…配偶者と３人の子（実子）
課税価格の合計額…1億7,400万円　　相続税の総額…1,850万円
実際の相続割合（各人の課税価格）…配偶者50％：8,700万円
長男30％：5,220万円　　長女10％：1,740万円　　二男10％：1,740万円

各人ごとの相続税額

- 配偶者…1,850万円×8,700万円÷1億7,400万円＝925万円
- 長男…1,850万円×5,220万円÷1億7,400万円＝555万円
- 長女…1,850万円×1,740万円÷1億7,400万円＝185万円
- 二男…1,850万円×1,740万円÷1億7,400万円＝185万円

配偶者の税額軽減の適用を受けると「0」になる

各種税額控除

- 配偶者の税額軽減…被相続人の配偶者が実際に取得した正味の遺産額が、1億6千万円か配偶者の法定相続分相当額のどちらか多い金額までは配偶者に相続税がかからない
- 贈与税額控除…被相続人から相続開始前３年以内に贈与を受けている場合には、その贈与財産にかかる贈与税額をその者の相続税額から控除する
- 未成年者控除…相続人が未成年者のときは、相続税額から、その未成年者が満20歳になるまでの年数1年につき10万円で計算した金額を控除する
- 障害者控除…相続人が85歳未満の障害者のときは、相続税額から一定の金額を控除する

ココがポイント！

- **相続税の総額を、実際に財産を取得した人の課税価格に応じて割り振って、財産を取得した人ごとの税額を算出する。**
- **財産を取得した人ごとの相続税額から、各種控除額を差し引いて各人の納付税額を計算する。**

▼▼▼ 10カ月以内に申告と納付！

相続税はどのように納める？

相続財産が遺産に係る基礎控除額を超える場合に相続税の申告・納付が必要。

相続税の申告と納付が必要な場合

相続税の計算について理解できたところで、相続税の締めくくりに申告と納付について見ていきましょう。

相続税の申告と納付は、相続または遺贈により取得した財産の額の合計額が遺産に係る基礎控除額を超える場合に必要になります。相続財産が遺産に係る基礎控除額の範囲内であれば申告も納付も不要です。

相続税の申告期限

相続税の申告は、被相続人が死亡したことを知った日の翌日から10カ月以内に行うことになっています。また納付もこの申告期限までに行うことになっています。相続税の申告書の提出先は、被相続人の住所地を所轄する税務署です（相続人の住所地を所轄する税務署ではない）。

なお、税金は金銭で一度に納めるのが原則ですが、相続税については、特別な納税方法として延納と物納制度（次ページ参照）があります。

Column

加算税・延滞税

相続税の申告期限までに申告をしなかった場合や、実際に取得した財産の額より少ない額で申告をした場合には、本来の税金のほかに加算税（罰金的な税金）や延滞税（利息に相当する税金）がかかる場合がある。また、申告期限までに申告しても、税金を期限までに納めなかったときは延滞税がかかる場合がある。

相続税の申告期限

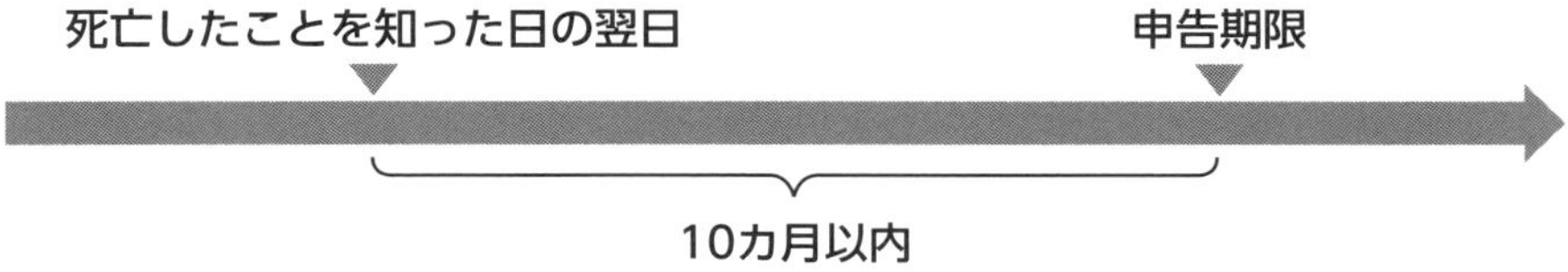

たとえば、1月6日に死亡した場合にはその年の11月6日が申告期限になる。もし、この期限が土曜日、日曜日、祝日などにあたるときは、これらの日の翌日が期限となる。

延納と物納

物納	延納
延納によっても金銭で納付することを困難とする事由がある場合には、納税者の申請により、その納付を困難とする金額を限度として一定の相続財産による物納（財産そのもので納める）が認められている。	相続税額が10万円を超え、金銭で納付することを困難とする事由がある場合には、納税者の申請により、その納付を困難とする金額を限度として、担保を提供することにより、年賦で納付することができる（ただし、延納税額が100万円以下で、かつ延納期間が3年以下の場合は担保提供不要）。

※延納、物納を希望する場合は、申告書の提出期限までに税務署に申請書などを提出して許可を受ける必要がある。

ココがポイント!

- **相続または遺贈により取得した財産の額の合計額が、遺産に係る基礎控除額を超える場合に相続税の申告と納付が必要である。**
- **相続税の申告は被相続人が死亡したことを知った日の翌日から10カ月以内に行う。**
- **相続税の納付には、延納と物納制度がある。**

生前に財産をもらうと！

贈与税とはどのような税金か？

相続税は相続するとかかる税金ですよね
そうですよ
じゃあ生前に財産をもらえば相続税はかからない？
そうです相続税はかかりませんでも贈与税が課税されますよ
贈与税？
相続したら相続税生前に贈与を受けたら贈与税です一定以上の財産を取得したらどちらにしても税金がかかるわけですね

贈与税は個人が個人から財産の贈与を受けたときに課税される税金である。

贈与税とは？

これまで相続と相続税について見てきましたが、ここからは贈与税について紹介していきましょう。

贈与税は、個人が個人から財産をもらったときにかかる税金です。また、贈与という形をとっていなくても贈与を受けたとみなされて贈与税がかかることもあります（みなし贈与財産）。ただし、一定のものについては贈与税が課税されないことになっています（非課税財産）。

贈与税の課税財産

みなし贈与財産	本来の贈与財産
次のようなものは、贈与を受けたとみなされて贈与税がかかる ●自分が保険料を負担していない生命保険金を受け取った場合（相続税が課税される場合を除く） ●債務の免除などにより利益を受けた場合 ●時価に比べて著しく低い価額で財産を譲り受けた場合　など	現金、預貯金、有価証券、宝石、土地、家屋などのほか貸付金、特許権、著作権など、贈与によって取得した、金銭に見積もることができる経済的価値のあるすべてのもの

贈与によって取得した財産とは、「あげましょう」「もらいましょう」という当事者間の約束によって取得したもの。

贈与税の非課税財産

贈与によって取得した財産でも、次のようなものには、贈与税は課されないことになっている。

- 法人からの贈与により取得した財産
  贈与税は個人から財産を贈与により取得した場合にかかる税金であり、法人から財産を贈与により取得した場合には贈与税ではなく所得税がかかる
- 扶養義務者から生活費や教育費に充てるために取得した財産で、通常必要と認められるもの
- 個人から受ける香典、花輪代、年末年始の贈答、祝物または見舞いなどのための金品で、社会通念上相当と認められるもの
- 相続により財産を取得した人が、相続があった年に被相続人から贈与により取得した財産　など

ココがポイント！

- **贈与税は、個人から財産をもらったときにかかる税金である。**
- **贈与税の課税財産には、本来の贈与財産とみなし贈与財産がある。**
- **法人からの贈与により取得した財産など、一定のものには贈与税は課されない（非課税財産）。**

１１０万円以下ならかからない！

贈与税はどのように計算する？

贈与税は、贈与を受けた財産の合計から１１０万円を差し引いた残りに課税。

贈与税の計算の流れ

贈与税の課税方法には暦年課税と相続時精算課税（Ｐ76参照）の２つがありますが、まずは暦年課税について見ていきましょう。

贈与税額を算出するにはまず、上の図に示したように、その年の１年間に贈与された財産の価額を合計します。続いて、その合計額から基礎控除額１１０万円を差し引きます。そして、その残りの金額に税率を乗じて税額を計算します。

贈与税の計算（暦年課税）

贈与により取得した財産の価額の合計 － 基礎控除額110万円 ＝ 基礎控除後の課税価格

（贈与により取得した財産の価額の合計）1月1日から12月31日までの１年間に贈与された財産の価額の合計

基礎控除後の課税価格 × 税率 ＝ 贈与税の額

（税率）贈与税の税率は、一般贈与財産と特例贈与財産に区分されている

＜贈与税の速算表（一般贈与財産用）＞…下記特例贈与財産に該当しない場合の贈与

基礎控除後の課税価格	200万円以下	300万円以下	400万円以下	600万円以下	1,000万円以下	1,500万円以下	3,000万円以下	3,000万円超
税　率	10%	15%	20%	30%	40%	45%	50%	55%
控除額	-	10万円	25万円	65万円	125万円	175万円	250万円	400万円

＜贈与税の速算表（特例贈与財産用）＞…直系尊属（祖父母や父母など）から、その年の1月1日において20歳以上の者（子・孫など）への贈与の場合

基礎控除後の課税価格	200万円以下	400万円以下	600万円以下	1,000万円以下	1,500万円以下	3,000万円以下	4,500万円以下	4,500万円超
税　率	10%	15%	20%	30%	40%	45%	50%	55%
控除額	-	10万円	30万円	90万円	190万円	265万円	415万円	640万円

贈与税の計算例

直系尊属以外の親族（夫や兄弟など）や他人から500万円の贈与を受けた場合

一般贈与財産用の計算

基礎控除後の課税価格…500万円－110万円＝390万円
贈与税額の計算…390万円×20%－25万円＝53万円

財産の贈与を受けた年の1月1日現在において20歳以上の子や孫が父母または祖父母から500万円の贈与を受けた場合

特例贈与財産用の計算

基礎控除後の課税価格…500万円－110万円＝390万円
贈与税額の計算…390万円×15%－10万円＝48.5万円

贈与税の申告と納付

贈与税の申告期限	贈与税の申告と納付は、原則として財産をもらった人が、もらった年の翌年の２月１日から３月15日までに行う。贈与税の申告書の提出先は贈与を受けた人の住所を所轄する税務署
贈与税の延納	贈与税もほかの税金と同じく金銭で一時に納めるのが原則であるが、延納も認められている。延納は一定の条件の下に5年以内の年賦により納税する方法。申告による納付税額が10万円を超えていることなどの要件を満たす必要がある

ココがポイント!

- **贈与税（暦年課税）の基礎控除額は、1年間に110万円である。**
- **贈与財産の合計額から基礎控除額を差し引き、税率を乗じて贈与税額を計算する。**
- **贈与税の申告期限は、贈与を受けた年の翌年の2月1日から3月15日までである。**

▼▼▼ 贈与税の課税方法の選択肢！

相続時精算課税とはどのような制度か？

相続時精算課税は、贈与税・相続税を通じた納税を行う制度である。

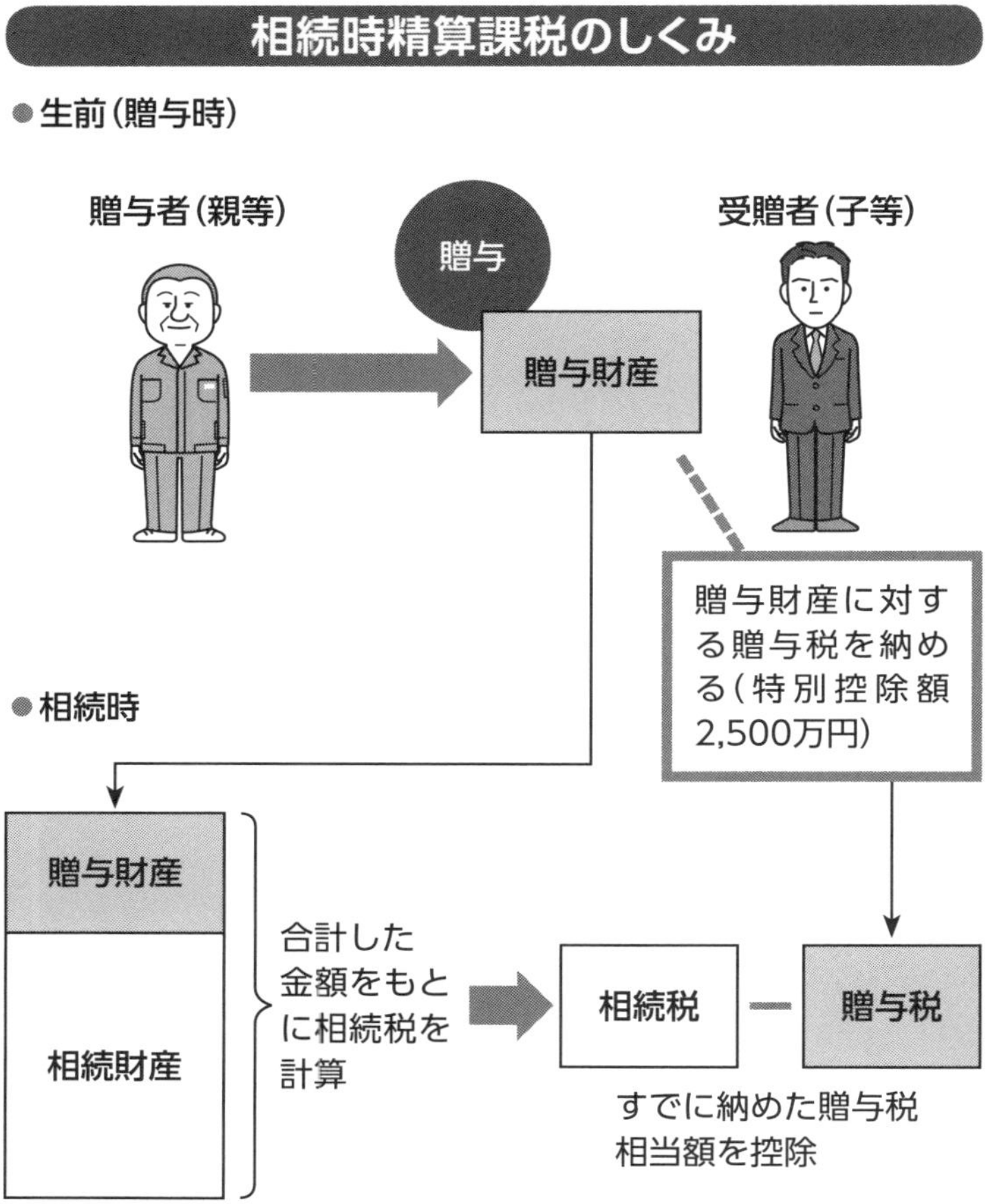

相続時精算課税のしくみ
●生前（贈与時）
贈与者（親等）
贈与
受贈者（子等）
贈与財産
贈与財産に対する贈与税を納める（特別控除額2,500万円）
●相続時
贈与財産
相続財産
合計した金額をもとに相続税を計算
相続税
—
贈与税
すでに納めた贈与税相当額を控除

相続時精算課税のしくみ

相続時精算課税は、まず受贈時に、贈与財産に対する贈与税を納めます。その後、贈与者が亡くなったときにその贈与財産の贈与時の価額と相続財産の価額とを合計した金額をもとに相続税額を計算します。

そして、計算した相続税額から、すでに納めたその贈与税相当額を控除することにより、贈与税・相続税を通じた納税を行う制度です（贈与税は贈与時の価額で固定される）。

相続時精算課税の制度の概要

適用対象者	贈与者…贈与をした年の1月1日において60歳以上の父母または祖父母。受贈者…贈与を受けた年の1月1日において20歳以上の人のうち、贈与者の直系卑族である推定相続人または孫。
適用対象財産	贈与財産の種類、金額、贈与回数に制限はない。
税額の計算	**＜贈与税額の計算＞** 相続時精算課税の適用を受ける贈与財産については、その選択をした年以後、相続時精算課税に係る贈与者以外の人からの贈与財産と区分して、1年間に贈与を受けた財産の価額の合計額をもとに贈与税額を計算する。その贈与税の額は、贈与財産の価額の合計額から、複数年にわたり利用できる特別控除額(限度額：2,500万円。すでにこの特別控除額を控除している場合は残額が限度額)を控除した後の金額に、一律20%の税率を乗じて算出する。 **＜相続税額の計算＞** 相続税額は、相続時精算課税に係る贈与者が亡くなったときに、それまでに贈与を受けた相続時精算課税の適用を受ける贈与財産の価額(贈与時の価額)と相続や遺贈により取得した財産の価額とを合計した金額をもとに計算した相続税額から、すでに納めた相続時精算課税に係る贈与税相当額を控除して算出する。
適用手続	選択しようとする受贈者(子または孫)は、その選択に係る最初の贈与を受けた年の翌年２月１日から３月15日までの間に所轄税務署長に相続時精算課税選択届出書などを贈与税の申告書に添付して提出する。本制度を適用した関係者(親子など)間では以後、暦年課税は適用できなくなる。

ココがポイント!

- **相続時精算課税の適用対象は、贈与者が60歳以上の父母・祖父母、受贈者が20歳以上の子・孫である。**
- **特別控除額の限度額は2,500万円(複数年にわたり利用可能)で、控除後の金額に対して20%の税率が適用される。**
- **相続時精算課税を適用した財産の価額は、以後の価額の増減にかかわらず、贈与時の価額で固定される。**

Column

相続に関する民法の規定見直し

現在、民法の規定のうち、相続に関して、大きく以下の5点の見直しが検討されています。

1. 配偶者の居住権を保護するための方策

①配偶者が相続開始時に遺産に属する建物に居住していた場合に、遺産分割の終了までの間、無償でその建物への居住を認める「短期居住権」

②配偶者に終身または一定期間、その居住建物の使用を認め、遺産分割の対象とすることのできる権利として「長期居住権」

2. 遺産分割に関する見直し

婚姻後の被相続人の財産の増加額の割合に応じて、配偶者の具体的相続分を増やす。または、婚姻成立後、一定期間が経過した場合、法定相続分を増やす

3. 遺言制度に関する見直し

自筆証書遺言の方式緩和、自筆証書遺言の保管制度の創設

4. 遺留分制度に関する見直し

遺留分権利者の権利行使により、原則として金銭債権を発生させる

5. 相続人以外の者の貢献を考慮するための方策

相続人以外の者が被相続人の療養看護等を行った場合には、一定のもとで相続人に対して金銭の請求をすることができるものとする

第3章

自社株式の承継は
とても大事な問題。
総合的なプランニングが
求められますよ。

自社株式の承継

自社株式の承継は、事業承継の最重要課題であり、総合的な対策が不可欠です。自社株式の評価方法や株価対策、自社株承継対策などについて見ていきましょう。

マンガでわかる

知識ゼロからの自社株式の承継

おつかれさまー!

栄一に会社を引き継いでもらって良かったよ どうだ会社には慣れたか?

まだまだ分からないことだらけだよ 例えば先生 父の持っている会社の株はどう引き継げばいいんでしょう? 自分一人ではなく分散しておいた方が安全でしょうか?

株式分散は経営が不安定になる可能性があるので危険ですね 自社株式は集中・集約が基本です
なるほど

さらに承継する前には自社株式の評価額を把握しておくことが重要ですね
このところ会社の業績も好調だからなあ
会社の業績と株価は連動しますからね
自社株式の評価が変動する要因としてどのようなものがあるんですか？
会社の業績のほか、不動産や資産の見直しで純資産が増減することがあります
現状　倉庫や車両はフル回転だから売却するというのも難しいな…
それから自社株式をどう移転するか？株式承継対策も重要です
従業員持株会を導入するのも手ですね
従業員のやる気にもつながりますから
社員のためになるような方法が一番いいな
うんうん

▼▼▼ 事業承継の最重要課題！

なぜ自社株式の引き継ぎが重要なのか？

自社株式の承継は事業承継の最重要課題であり、総合的な対策が不可欠。

自社株式の承継の重要性

第1章で見たとおり、事業承継では、人、資産、目に見えにくい経営資源など、さまざまなものを後継者に引き継ぐわけですが、なかでも重要なのが自社株式の承継です。非上場会社の株式は、会社によっては評価額がかなり高くなることがあり、後継者が相続や贈与で取得すると、税金の負担が重くなります。会社が発展するほど、利益や資産が増え、事業承継の際の税負担が大きくなるというジレンマを抱えることになります。一方、一人あたりの負担を減らすために自社株式を複数の人に承継すると、株式が分散して経営が不安定になることがあります。また税負担を抑えるために自社株式の評価額を下げることは、会社経営にとってマイナスになる場合もあるので注意が必要です。

ですから、自社株式の承継では、税負担と株式の集中化、会社経営などの角度から総合的にプランニングしていくことが求められるのです。

自社株式の承継が最重要課題ですね　さまざまなことを考えて総合的な対策が必要です
ただ株式を引き継げばいいというわけじゃないんだ…

自社株式の承継の課題と対策

課題		対策
自社株式の評価額が高いと 相続税・贈与税の負担が重い	→	納税対策の適正化 納税資金対策
相続で株式が分散すると 安定した経営が難しくなる	→	株式の集中化
後継者以外の相続人に 遺産分割や遺留分の問題が生じる	→	相続対策

自社株式は個人の財産でもあるので、現経営者に後継者以外の相続人がいる場合には、事業承継と同時に個人の相続対策も考えなければならない。後継者でない相続人には自社株式以外の財産を残す遺産分割案などを検討しておく必要がある。

自社株式の承継のポイント

- 自社に合った方法を考える
- 総合的な自社株式の承継対策を立てる
- 時間をかけてじっくりと取り組む

ココがポイント！

- 事業承継では自社株式の引き継ぎが最重要課題である。
- 税負担と株式の集中化、会社経営などの角度から総合的にプランニングしていかなければならない。
- 早い時期から自社に合った方法を検討する。

▼▼▼ 株式分散は大きなリスク！

後継者に株式を集中させないとどうなる？

後継者へ株式を集中させること、分散した株式を集約しておくことが重要。

後継者へ株式を集中化

事業承継では、自社株式の引き継ぎが最重要課題であることを見ましたが、事業承継プランを立てるにあたっては、原則として後継者に株式を集中させること、分散した株式を集約しておくことが求められます。

上の図のように、会社の経営においては株式の保有比率が大きな意味を持つからです。また、分散してしまった株式は次ページのように大きなリスクとなるからです。

株主総会の決議

株主は、株式会社の最高意思決定機関である株主総会における議決権（１株につき１つ）を保有する。

発行済株式（議決権）を２分の１超保有	➡	普通決議を単独で可決できる
発行済株式（議決権）を３分の２以上保有	➡	特別決議を単独で可決できる

普通決議	特別決議
●取締役・監査役の選任 ●決算の承認 ●利益処分（配当額）　など	●定款の変更 ●会社の解散・合併 ●事業譲渡 ●監査役の解任　など

３分の２以上の株式を保有している人は特別決議を１人で可決することができるため、実質的に会社の経営権を握ることになる。

株式分散のリスク

議決権の分散	一定割合以上の株式を持つ株主がいると、会社にとって重要な議案が株主総会でスムーズに決議されず、会社の経営が不安定になったり、経営のスピードが落ちたりする。
株式買取請求権	事業譲渡など株主総会での重要な議決について反対の株主は、会社に自分の有する株式の買取請求ができる。
株主代表訴訟	株主が役員に対して訴訟を起こすことができる。
株主管理の煩雑化	株主が多いと、配当の支払い、その他事務手続きが煩雑になり、コストもかかる。

経営を安定させるには、後継者にどのくらいの割合の株式を集約させるかを考えましょう。株式が分散している場合には、事業承継にあたって、会社や現経営者、後継者が買い取るなどして、株式を集約しておくことが大事です。

後継者に株式を集約させる

ココがポイント！

- **発行済株式の3分の2以上の保有で特別決議、過半数の保有で普通決議が単独で可決できる。**
- **後継者にどのくらいの割合の株式を集約させるかを検討する。**
- **分散している株式は、買い取るなどして集約しておく。**

▼▼ 取得する人によって評価方法が異なる!

自社株式をどのように評価するのか?①

取引相場がない株式を同族株主が取得する場合は原則的評価方式を適用する。

自社株式の評価方法

非上場会社の株式は、税法上「取引相場のない株式」として一定のルールに基づいて株価を算出します。

取引相場のない株式の評価方法は、株式を同族株主が取得する場合と、同族株主以外が取得する場合とで異なります。次ページの図のように、同族株主が取得する場合に用いられるのが原則的評価方式、同族株主以外が取得する場合に用いられるのが特例的評価方式です。原則的評価方式には類似業種比準方式と純資産価額方式、およびこの2つの併用方式があり、特例的評価方式には配当還元方式（配当金額をもとに株価を評価する方法）があります。

なお、同族株主とは、株主1人とその同族関係者（次ページ参照）の有する議決権の合計数が議決権総数の30％以上を占める場合のその株主とその同族関係者をいいます（50％超所有している株主グループがある場合、30％以上50％未満の株主グループは同族株主になりません）。

配当還元方式の計算式

$$\frac{\text{その株式に係る年配当金額}^{【※1】}}{10\%} \times \frac{\text{その株式の1株当たりの資本金等の額}}{50\text{円}}$$

【※1】その株式に係る年配当金額は、類似業種比準方式における1株当たりの年配当金額を用いる。ただし、2円50銭未満の場合は2円50銭とする。

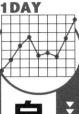

取引相場のない株式の評価方法

- 同族株主が取得する場合 → 原則的評価方式
  - 類似業種比準方式（P 90）
  - 純資産価額方式（P 90）
  - 併用方式（P 91）
- 同族株主以外が取得する場合 → 特例的評価方式
  - 配当還元方式（P 86）

会社の経営支配権のある同族株主が取得する場合は原則的な評価。
会社の経営支配権のない同族株主以外が取得する場合は、特例的な評価方法として、会社の配当実績に基づいて評価する。

同族関係者の範囲

親族	配偶者、六親等内の血族、三親等内の姻族
株主と特殊関係にある個人	内縁関係にある人、個人的な使用人など
株主と特殊関係にある法人	50％超の株式を保有する子会社 親会社と子会社で50％超の株式を保有する孫会社など

ココがポイント!

- **同族株主が取得する場合は原則的評価方式、同族株主以外が取得する場合は特例的評価方式を適用する。**
- **原則的評価方式には、類似業種比準方式、純資産価額方式、併用方式がある。**

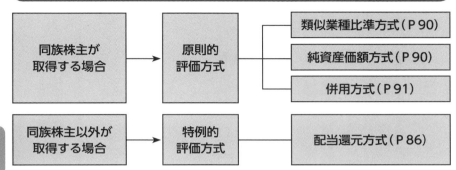

1DAY

会社規模区分・評価方式！

自社株式をどのように評価するのか？②

会社の規模で、評価額の算出方法が異なる。

会社規模による評価方式

会社の規模	評価方式
大会社	類似業種比準方式 または、純資産価額方式
中会社の大	併用方式 （類似業種比準価額×90％＋純資産価額×10％）
中会社の中	併用方式 （類似業種比準価額×75％＋純資産価額×25％）
中会社の小	併用方式 （類似業種比準価額×60％＋純資産価額×40％）
小会社	純資産価額方式 または、併用方式 （類似業種比準価額×50％＋純資産価額×50％）

会社規模を判定する場合、従業員数が70人以上の会社はすべて大会社となる。従業員70人未満の会社の規模を判定する要素は、「総資産価額・従業員数」と「取引金額」で次ページのようになっている。

原則的評価方式の評価方法

原則的評価方式は、上の図のように会社の規模で異なります。大会社には類似業種比準方式または純資産価額方式、中会社は大・中・小に区分され、類似業種比準方式と純資産価額方式を一定の比率で組み合わせた併用方式、小会社は純資産価額方式または併用方式です。なお、大会社、中会社でも、純資産価額方式の評価額のほうが低い場合には、純資産価額を評価額とすることができます。

会社規模の判定

【卸売業】

取引金額 ＼ 総資産価額および従業員数	7,000万円未満または5人以下	7,000万円以上で5人超20人以下	2億円以上で20人超35人以下	4億円以上で35人超70人未満	20億円以上で35人超
2億円未満	小会社				
2億円以上3億5,000万円未満		中会社の小			
3億5,000万円以上7億円未満			中会社の中		
7億円以上30億円未満				中会社の大	
30億円以上					大会社

【小売・サービス業】

取引金額 ＼ 総資産価額および従業員数	4,000万円未満または5人以下	4,000万円以上で5人超20人以下	2億5,000万円以上で20人超35人以下	5億円以上で35人超70人未満	15億円以上で35人超
6,000万円未満	小会社				
6,000万円以上2億5,000万円未満		中会社の小			
2億5,000万円以上5億円未満			中会社の中		
5億円以上20億円未満				中会社の大	
20億円以上					大会社

【その他の業種】

取引金額 ＼ 総資産価額および従業員数	5,000万円未満または5人以下	5,000万円以上で5人超20人以下	2億5,000万円以上で20人超35人以下	5億円以上で35人超70人未満	15億円以上で35人超
8,000万円未満	小会社				
8,000万円以上2億円未満		中会社の小			
2億円以上4億円未満			中会社の中		
4億円以上15億円未満				中会社の大	
15億円以上					大会社

ココがポイント！

●原則的評価方式は、会社の規模によって評価方式が異なる。

自社株式をどのように評価するのか？③

▼▼▼ 類似業種比準方式と純資産価額方式！

類似業種比準方式は、類似業種の上場企業の株価に比準して計算する方法。

類似業種比準方式

類似業種比準方式は、評価する会社と類似業種の上場企業の株価に比準して計算する方法です。比準要素として1株当たりの年配当額、年利益額、純資産額（帳簿価額）を用います（上の図参照）。

純資産価額方式

純資産価額方式は、次ページのように、会社が保有する資産から負債を差し引いたもの（純資産）がベースとなる評価方式です。

類似業種比準方式の計算式

$$A \times \left[\frac{\frac{\text{Ⓑ}}{B}+\frac{\text{Ⓒ}}{C}+\frac{\text{Ⓓ}}{D}}{3}\right] \times \text{斟酌率} \times \frac{\text{1株当たりの資本金等の額}}{\text{50円}}$$

A…類似業種の株価（課税時期の属する月以前3カ月の各月の株価、属する月以前2年間の平均株価、または前年平均株価のうちいずれか低い金額）
B…課税時期の属する年の類似業種の1株当たりの配当金額
C…課税時期の属する年の類似業種の1株当たりの年利益金額
D…課税時期の属する年の類似業種の1株当たりの簿価純資産価額
Ⓑ…評価会社の直前期末および直前々期末における1株当たりの配当金額の平均額
Ⓒ…評価会社の直前期末以前1年間または2年間の年平均における1株当たりの利益金額のうちいずれかを選択
Ⓓ…評価会社の直前期末における1株当たりの簿価純資産価額
斟酌率…大会社：0.7、中会社：0.6、小会社：0.5

類似業種の株価、配当額等は、国税庁が定期的に公表している。

特　徴

- 株式の評価額は類似業種の上場企業の株価とおおむね連動する。
- 会社の業績の反映である配当・利益・純資産が高い会社は評価額が高くなる。つまり「儲かっている」会社は高くなる。

純資産価額方式の計算式

評価差額に対する法人税等相当額

〔相続税評価額による資産の合計額 − 負債の合計額〕 − {〔相続税評価額による資産の合計額 − 負債の合計額〕 − 〔帳簿価額による資産の合計額 − 負債の合計額〕} ×37%

―――――――――――――――――――――――――

発行済株式数

課税時期における実際の発行済株式数

特　徴

- 保有している不動産や有価証券に含み益が多い会社は評価額が高くなる。
- 類似業種比準方式による評価額に比べると、純資産価額方式による評価額のほうが一般的に変動しにくい。

併用方式

併用方式は、類似業種比準方式と純資産価額方式で算出したそれぞれの評価額を一定の割合で加重平均して評価額を算出する方式。割合は会社の規模により決定するが、大きな会社ほど類似業種比準価額のウェイトが高くなる（P88参照）。

ココがポイント!

- **類似業種比準方式では、配当・利益・純資産が高い会社は評価額が高くなる。**
- **純資産価額方式では、保有している不動産や有価証券に含み益が多い会社は評価額が高くなる。**

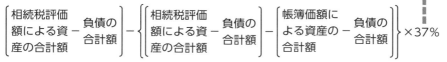

▼▼▼特定の評価会社の場合は？

自社株式をどのように評価するのか？④

自社株式の評価方式が
どのパターンに
当てはまるかが
重要です
なるほど

会社が保有する株式の総額が
総資産の価額の50％以上を
占める会社は
株式保有特定会社に該当するので
原則として純資産価額方式で
評価します
ウチは該当
しないはず…

特定の評価会社と判定される場合は純資産価額方式など通常とは異なる評価を適用。

非上場株式の評価法

非上場株式の評価は、さまざまな条件に応じて評価方式が異なります。自社株式の評価方法を事前に確認した上で、正しい評価額を算出しましょう。

特定の評価会社

取引相場のない株式のうち、特定の評価会社に該当する場合には、会社の規模にかかわりなく、原則として純資産価額方式などによって評価します（次ページ参照）。

特定の評価会社

株式保有特定会社	会社が保有する株式の総額が総資産価額の50％以上を占める会社。株式保有特定会社は純資産価額方式で評価する※。

※純資産価額方式に代えて「S1＋S2方式」という方式で評価することもできる。

土地保有特定会社	会社が保有する土地や借地権等の価額が一定以上を占める会社。土地保有特定会社は純資産価額方式で評価する。
開業後３年未満の会社等	開業後３年未満の会社、類似業種比準方式のもとになる評価会社の「１株当たりの配当金額」「１株当たりの利益金額」および「１株当たりの純資産価額」がすべてゼロである会社は、純資産価額方式で評価する。
比準要素数１の会社	類似業種比準方式のもとになる評価会社の「１株当たりの配当金額」「１株当たりの利益金額」および「１株当たりの純資産価額」のうち、いずれか２要素がゼロである会社。比準要素数１の会社は、純資産価額方式か、類似業種比準価額×25％＋純資産価額×75％で評価する。
清算中の会社	清算中の会社の株式の価額は、清算分配金見込み額で評価する。

なお、株式保有特定会社、土地保有特定会社、開業後３年未満の会社等、比準要素数１の会社については、同族株主以外が株式を取得する場合、配当還元方式により評価ができる。

ココがポイント！

- **特定の評価会社に該当するときは、会社の規模に関係なく、純資産価額など、通常とは異なる方式によって評価する。**

類似業種比準価額に着目！

株式の評価はどのように変動するのか？①

会社の業績が好調なのはよいのですが…
何か問題でも？
会社の業績がよいと株式の評価額も高くなります そうなれば事業承継の際の税負担が重くなります 多額の贈与税や相続税は後継者や会社の資金繰りを圧迫することになります
それは困るなあ
そうならないために日頃から株価をチェックしておく必要があるでしょう

自社株式の評価額が高いと、株式を承継する際に税負担が重くなる。

評価額が高いと税負担が大きい

これまで自社株式の評価について見てきましたが、ここからは株価対策について説明していきましょう。

自社株式を贈与や相続により承継する場合、株式の評価額が高くなるほど、贈与税や相続税の負担が大きくなります。株式の評価対策にはさまざまなものがありますが、その一つとして、次ページのような類似業種比準方式に着目して株価を変動させる方法があります。

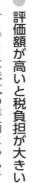

類似業種比準方式における株価の変動要因

類似業種株価	●類似業種株価の低い業種への転換…株価の低い類似業種へ業種を変更する。ただし、会社の経営戦略の中で実行するべき。 ●株式相場の下落の利用…株式相場が低調な時期は類似業種比準価額が下がる場合が多く、そうしたタイミングをとらえて株式を移転する。
1株当たりの配当金額	●２年間無配当または低率配当…２期続けて配当を抑制する。 ●記念配当や特別配当の利用…無配当にできないときは、特別配当や記念配当を増やすことが考えられる（配当金額の計算には継続的でない配当は含まれない）。
1株当たりの利益金額	●損金の計上…損金がより多く計上（引当金や減価償却費などの計上）されると、1株当たりの利益金額が減少する。 ●高収益部門の分離…会社の事業部門のなかで、高収益部門を事業譲渡などにより別会社として独立させる。 ●役員退職金の支払い…法人税法上、分掌変更により役員としての地位または職務の内容が激変し、実質的に退職したと同様の事情にあると認められる場合には、その役員が完全に会社から引退しなくても退職金として認められることがある。ただし、所定の要件を満たさなければならない。
1株当たりの純資産額	●１株当たりの利益金額と同様の設計…１株当たりの利益金額の減少で、純資産価額が下がるか、上がるペースが落ちる。 ●社外流出…賞与や配当は、原則として損金にはならないが、金銭等が流出するので純資産価額は下がる。ただし、配当による場合は配当比準の要素を引き上げることになる。

ココがポイント！

●類似業種比準価額の算定要素が変動すると評価額が低くなる場合がある。

●ただし、株価の引き下げ目的で対策を実行すると、課税上その行為が否認されたり、会社の業績が著しく悪化する可能性があるので、注意が必要。

純資産価額に着目！

株式の評価はどのように変動するのか？②

株価対策として会社規模区分の変更や特定の評価会社対策も考えられる。

具体的に株価を計算してみましょう
小さな会社の場合はどうなるのか…
純資産価額方式による株価は純資産価額（相続税評価額）を減らすことで対応できるでしょう
なるほど

純資産価額の引き下げ

前項では類似業種比準方式における株式の変動について見ましたが、次は純資産価額方式について説明していきましょう。純資産価額方式における株価変動のタイミングとしては、左ページのようなものがあります。

資産構成が大きく変動したり、一時的に多額の損失が出たりした場合には注意が必要で、純資産価額が低くなる場合があります。

会社規模区分の変更

会社規模の拡大	純資産価額が類似業種比準価額より高い場合、併用方式における類似業種比準価額のウェイトが高いほうが評価額は低くなる。そこで、従業員数の増加、取引金額（売上高）の増加などの方法によって、会社規模を大きくして類似業種比準方式の採用割合を高める対策が検討できる。

純資産価額方式における株価の変動要因

資産構成の変動	時価に対して相続税評価額が低い資産（不動産）を保有している場合、相続税評価額が低くなる場合がある。
一時的に多額の損失が発生	損失が発生することによって、純資産価額そのものが減る場合がある。 ●役員退職金の支給（95ページ参照） ●役員に対する賞与や配当の支払い（ただし、配当の支払いは類似業種比準方式の株価を引き上げる要因になる）

前項の類似業種比準方式における株価の変動要因とともに、覚えておくとよい。

ココがポイント！

- **会社規模の拡大などによる株価対策も考えられる。**
- **損失が出た場合だけでなく、資産構成が大きく変動した場合にも純資産価額が低くなる場合がある。**

1DAY

▼▼▼資産管理会社、従業員持株会の活用！

株式承継対策にはどのようなものがあるのか？①

資産管理会社や従業員持株会の活用は、自社株式の承継をスムーズに行う方法の一つ。

資産管理会社を利用して株式を移転

ここからは株式の承継対策について見ていきましょう。

現経営者の保有する自社株式を生前に減らしておくことは税負担の軽減につながります。だからといって、後継者以外の人に株式を移転するのは望ましくありません。そこで、その方法として資産管理会社や従業員持株会への移転が考えられます。資産管理会社とは、資産を管理することを目的とする会社で、子会社やグループ会社の株式を管理する場合、持株会社とも呼ばれます。

従業員持株会を利用して株式を移転

自社株式の移転先としてもう一つの候補になるのが、従業員持株会です。現経営者の保有する自社株式の一部を、従業員の会社への帰属意識の向上や福利厚生を目的として従業員持株会に売却して承継させます。そうすれば、株式の承継負担を社内で一部、分散させることができます（次ページ参照）。

従業員持株会を導入して
社長の持つ株式を移転する
というのはどうでしょう
うん
従業員のやる気も
アップするかもな

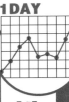

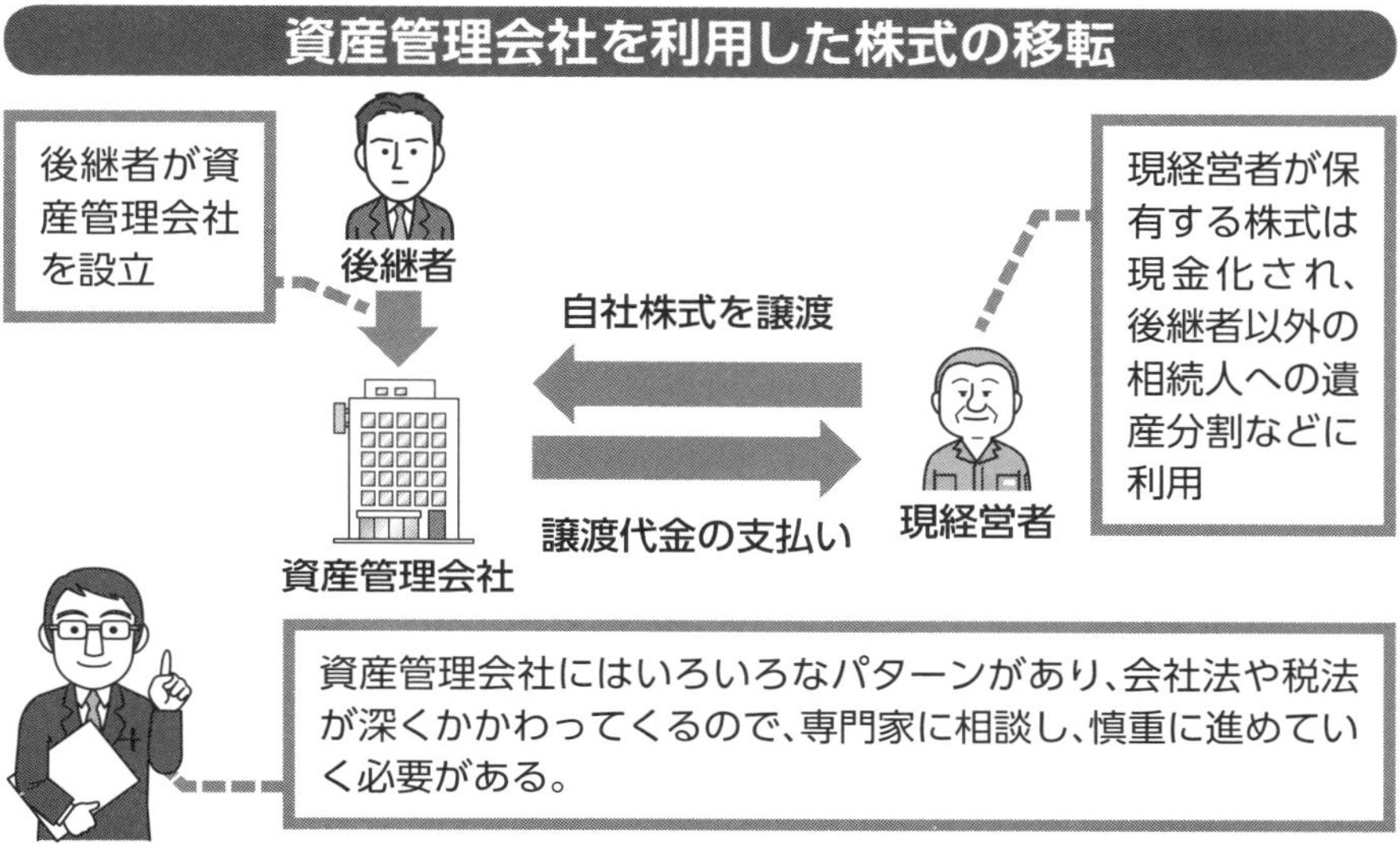
資産管理会社を利用した株式の移転
後継者が資産管理会社を設立
後継者
自社株式を譲渡
譲渡代金の支払い
資産管理会社
現経営者
現経営者が保有する株式は現金化され、後継者以外の相続人への遺産分割などに利用
資産管理会社にはいろいろなパターンがあり、会社法や税法が深くかかわってくるので、専門家に相談し、慎重に進めていく必要がある。

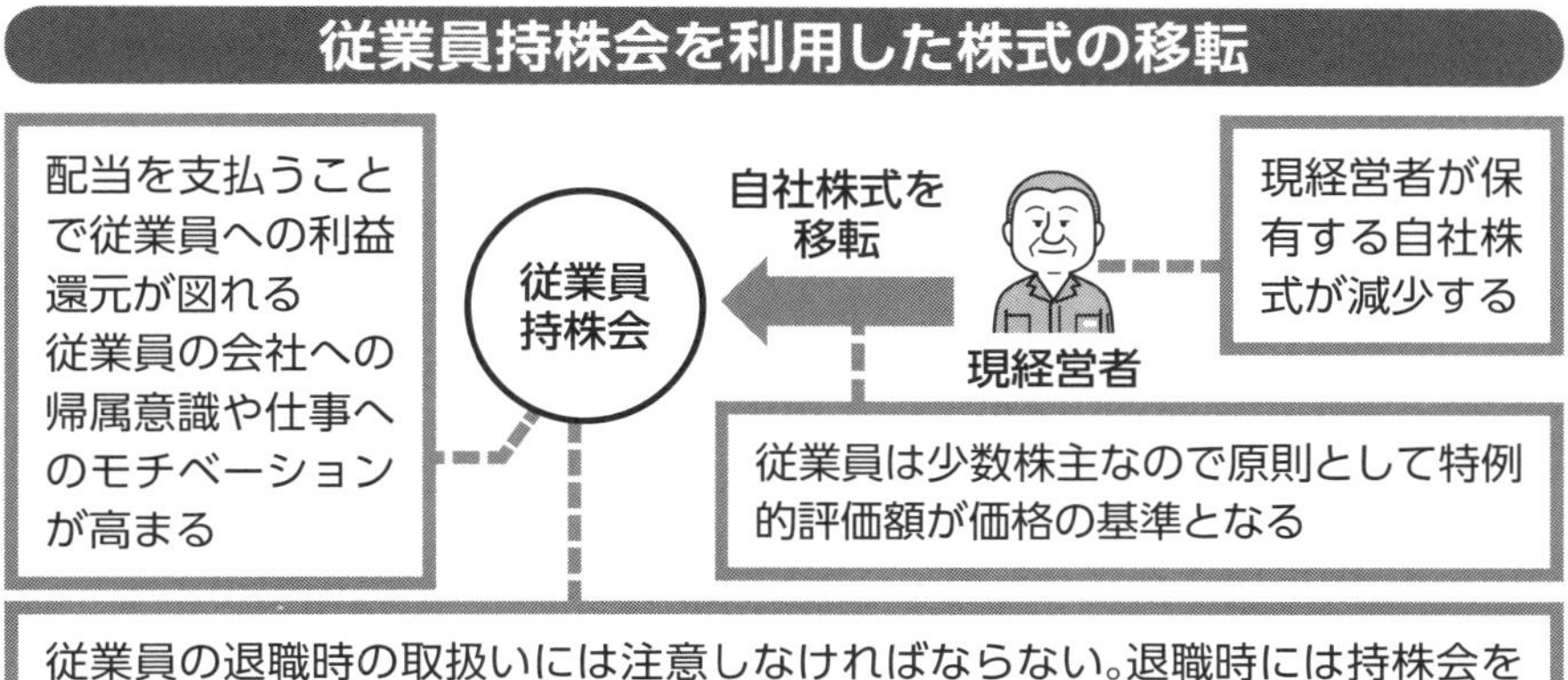
従業員持株会を利用した株式の移転
配当を支払うことで従業員への利益還元が図れる
従業員の会社への帰属意識や仕事へのモチベーションが高まる
従業員持株会
自社株式を移転
現経営者
現経営者が保有する自社株式が減少する
従業員は少数株主なので原則として特例的評価額が価格の基準となる
従業員の退職時の取扱いには注意しなければならない。退職時には持株会を退会すること、持分は一定の金額で買い取ることなどを規約で定め、株式の分散を避ける対策を立てる必要がある

ココがポイント！

- 現経営者の保有する自社株式を生前に減らしておくことは税負担の軽減につながる。
- 移転方法として、資産管理会社や従業員持株会の活用が考えられる。

▼▼▼ 種類株式、信託の活用！

株式承継対策にはどのようなものがあるのか？②

自社株式の承継では、種類株式や信託の利用も可能。目的に合わせて活用。

種類株式・信託の利用

自社株式の承継対策として、種類株式や信託を利用する方法もあります。議決権や配当の受け取りについて普通株式と異なる扱いをするのが種類株式です（上の図参照）。事業承継では、後継者に普通株式、後継者以外の相続人に議決権制限株式を相続させることが考えられます。また、次ページのように現経営者が委託者として自社株式を信託会社に信託するという方法も考えられます。

種類株式

配当優先／劣後株式	配当を他の株主より優先あるいは劣後して受け取る
残余財産優先／劣後分配株式	会社を清算したときに残余財産を他の株主より優先あるいは劣後して受け取る
議決権制限株式	株主総会で議決権を行使できない
譲渡制限株式	株式の譲渡に際して会社の承認を必要とする
取得請求権付株式	株主が株式の買い取りを会社に請求できる
取得条項付株式	一定の事由が生じたときに会社が株主から株式を取得できる
全部取得条項付株式	株主総会の特別決議で会社がその種類株式を全部取得できる
拒否権付株式（黄金株）	株主総会や取締役会での決議を拒否できる
役員選任権付株式	会社の取締役・監査役を選任・解任できる

非上場株式では、株式の譲渡に際して会社の承認を必要とする譲渡制限株式にすることが多い。そうすることによって株式の分散を防ぐことができる。

種類株式の利用

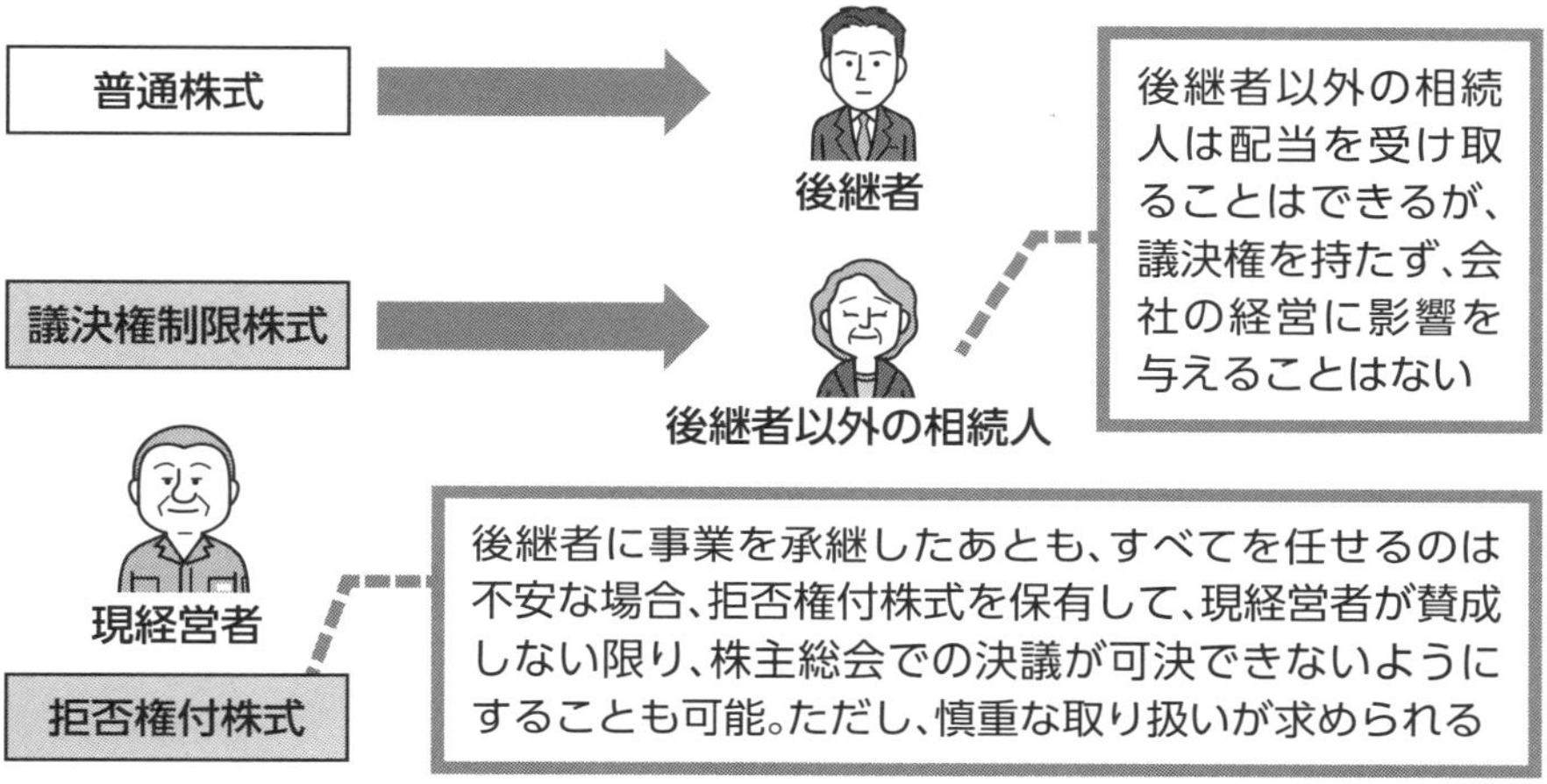
普通株式
後継者
議決権制限株式
後継者以外の相続人
後継者以外の相続人は配当を受け取ることはできるが、議決権を持たず、会社の経営に影響を与えることはない
現経営者
拒否権付株式
後継者に事業を承継したあとも、すべてを任せるのは不安な場合、拒否権付株式を保有して、現経営者が賛成しない限り、株主総会での決議が可決できないようにすることも可能。ただし、慎重な取り扱いが求められる

種類株式はむやみに発行すると会社経営が混乱する可能性があるので、発行は慎重に行う必要がある。

信託の利用例

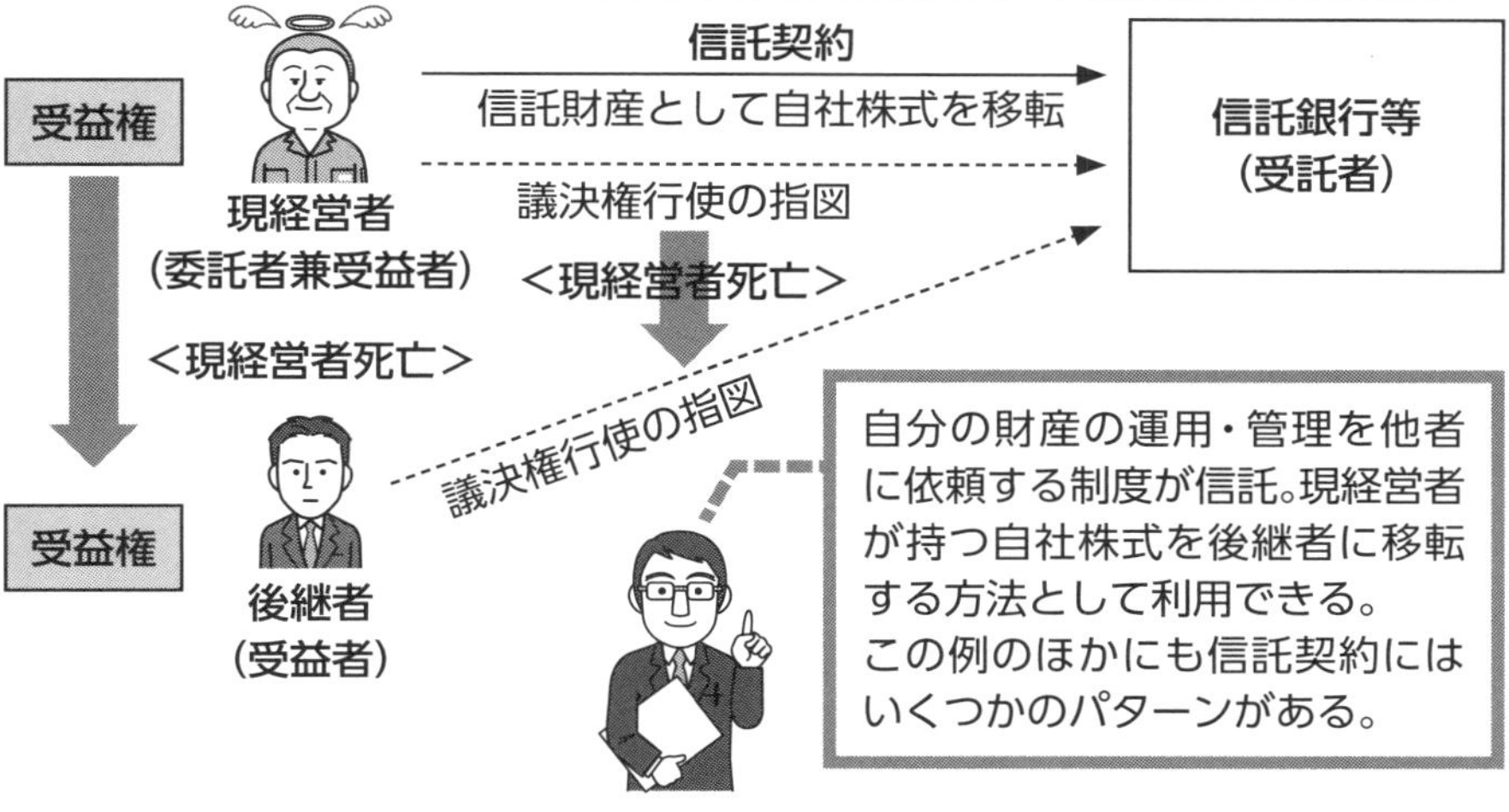
受益権
現経営者
(委託者兼受益者)
信託契約
信託財産として自社株式を移転
議決権行使の指図
信託銀行等
(受託者)
<現経営者死亡>
<現経営者死亡>
議決権行使の指図
受益権
後継者
(受益者)
自分の財産の運用・管理を他者に依頼する制度が信託。現経営者が持つ自社株式を後継者に移転する方法として利用できる。
この例のほかにも信託契約にはいくつかのパターンがある。

ココがポイント!

●自社株式を円滑に承継するための対策として、種類株式や信託を利用する方法がある。

▼▼▼ 民法の特例を活用！

遺留分の問題をどうするのか？

経営承継円滑化法の民法の特例を活用して、遺留分の問題を回避する。

遺留分の問題

遺留分については、第2章（P58）で見ましたが、複数いる相続人のうち1人が後継者で、贈与や相続で自社株式を集中的に取得すると、他の相続人から遺留分の減殺請求をされる可能性があります。

遺留分が円滑な事業承継を妨げることがないよう、「中小企業における経営の承継の円滑化に関する法律」（上図参照）では、次ページのような遺留分に関する特例を設けています。

経営承継円滑化法

経営承継円滑化法は、中小企業の円滑な経営承継が行われるよう３つの措置で支援している。

- 遺留分に関する民法の特例（次ページ参照）
- 金融支援制度（Ｐ45参照）
- 相続税・贈与税の納税猶予の特例（Ｐ104参照）

対象となる中小企業は、一定期間以上継続して事業を行っている経済産業省令で定める要件に該当する会社

中小企業の円滑な
経営承継を支援する
法律として
経営承継円滑化法が
あります
そんな法律が
あるのか

遺留分に関する民法の特例

除外合意	自社株式は遺留分算定の基礎となる財産の対象から外れ、それ以外の相続財産を相続人で分割する。
固定合意	遺留分算定の基礎となる財産に算入する自社株式の価額をあらかじめ固定する。相続時に自社株式が値上がりしていても、値上がり分は考慮しなくてよい。

上記合意を行う際に、自社株式以外の財産についても遺留分算定基礎財産から除外することができる。そうすることにより、後継者以外の相続人への生前贈与についてバランスをとることが可能となる。

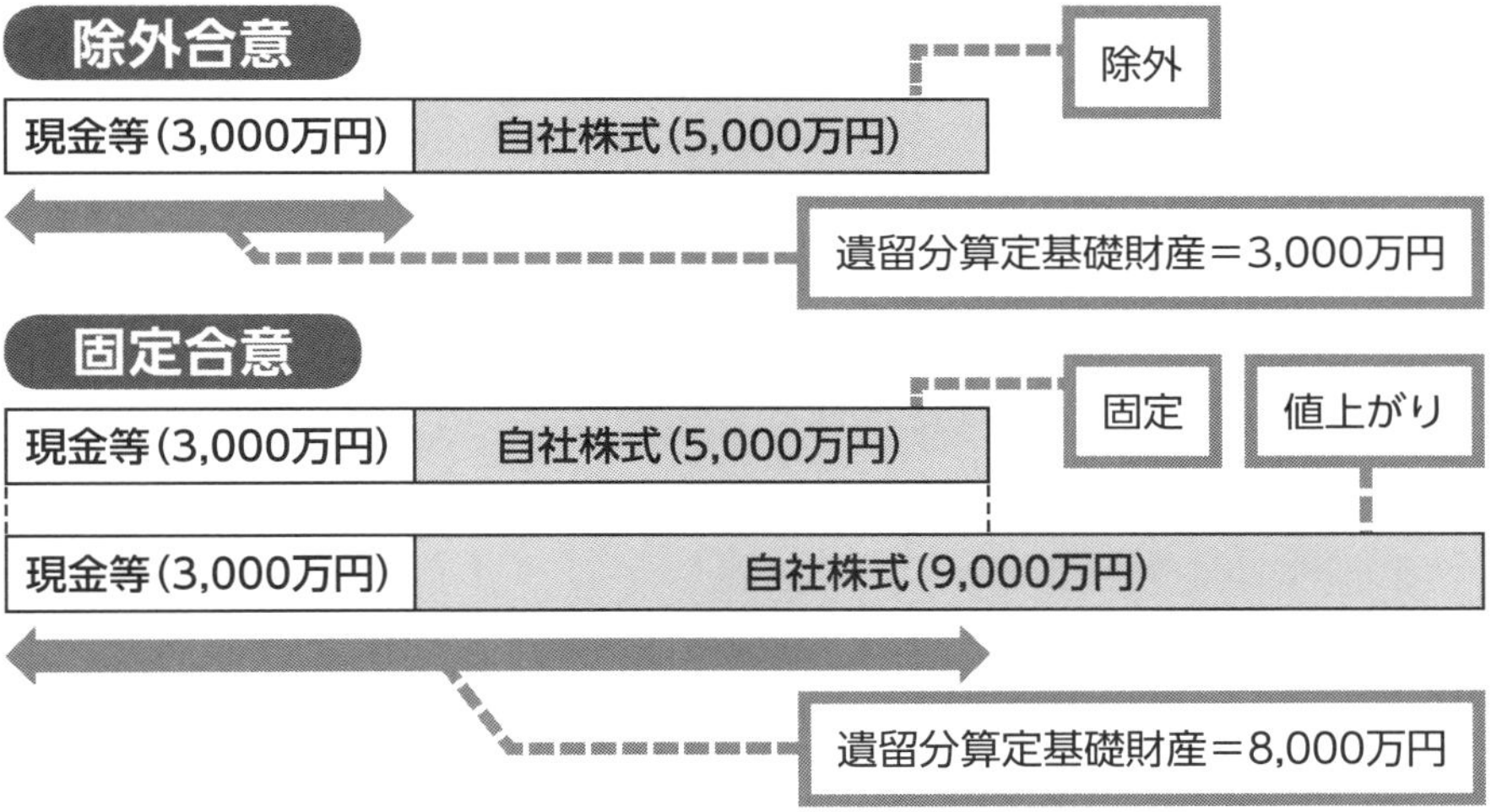

この特例を受けるためには、現経営者の生前に遺留分を持つ人全員が合意してその内容を書面にし、経済産業大臣の確認を受けるとともに、合意内容について家庭裁判所で許可を受ける必要がある。

ココがポイント！

- 後継者以外の相続人の遺留分に配慮する必要がある。
- 民法の特例を利用して遺留分の基礎となる財産を少なくすることが可能である。

▼▼ 税負担が大幅に軽減！

相続税・贈与税の納税猶予の特例とは？

納税猶予の特例は、一定の要件を満たせば相続税・贈与税の納税が猶予される制度。

税負担が事業承継の阻害になることも

これまでに自社株式の承継における税負担の問題について触れてきましたが、自社株式の評価額が高いため、相続税や贈与税の負担が重くなり、それが円滑な事業承継を阻害する要因となることがしばしばあります。

相続税・贈与税が払えず事業を承継できないという事態を避けるために設けられているのが、前項で見た経営承継円滑化法の自社株式にかかる相続税・贈与税の納税猶予の特例です。

特例によって納税を猶予

納税猶予の特例は、後継者が現経営者から自社株式を相続あるいは遺贈または贈与によって取得した場合、一定の条件（次ページ参照）を満たし所定の手続きを行えば、相続税・贈与税の納税が猶予されるというものです。ただし、承継後の雇用維持や株主構成の変動に制約が発生するため、特例制度の利用が後継者の次世代経営を阻害しないよう注意が必要です。

自社株式の承継で大きな問題となるのが相続税と贈与税です負担を抑える方法として納税猶予の特例があります
検討してみるか

自社株式の納税猶予制度の概要

	相続税の納税猶予	贈与税の納税猶予
概要	相続・遺贈によって後継者が取得した自社株式のうち、すでに後継者が保有していた株式を含め、議決権の3分の2までの部分について課税価格の80％に対応する相続税の納税を猶予	贈与によって後継者が取得した自社株式のうち、すでに後継者が保有していた株式を含め、議決権の3分の2までの部分について贈与税全額の納税を猶予
対象会社	●中小企業であり、上場企業、風俗営業会社ではない ●「資産保有型会社」「資産運用型会社」でない　など	
先代経営者要件	●会社の代表者であったこと ●先代経営者と同族関係者で発行済株式総数の50％超の株式を保有し、かつ、その同族関係者内で筆頭株主であったこと　など	●会社の代表者であったこと ●贈与時において代表権を有していない ●先代経営者と同族関係者で発行済株式総数の50％超の議決権を保有し、かつ、その同族関係者内で筆頭株主であったこと　など
後継者要件	●相続のあった日の翌日から5カ月を経過する日までに会社の代表者であること ●後継者と同族関係者で発行済株式総数の50％超の株式を保有し、かつ、その同族関係者内で筆頭株主となること　など	●20歳以上であること ●会社の代表者であること ●役員就任から3年以上経過していること ●後継者と同族関係者で発行済株式総数の50％超の株式を保有し、かつ、その同族関係者内で筆頭株主となること　など
申請期限から5年間	●事業を継続し、後継者が会社の代表者であること ●雇用の平均8割以上を維持すること（5年間平均） ●適用を受けている株式を継続して保有していること ●事業承継期間中、毎年1回、都道府県および税務署に所定の書類を提出すること（この期間中に上記要件を満たさないこととなった場合は、利子税と合わせて猶予税額を納税）	
免除要件等	●後継者の死亡 ●贈与税の納税猶予の適用　など	●後継者の死亡 ●先代経営者の死亡 ●次の後継者への贈与税の納税猶予の適用　など

ココがポイント!

●条件を満たし、手続きすることによって、自社株式にかかる贈与税・相続税の納税が猶予される。

Column

平成 29 年税制改正による影響

平成29年度に行われた税制改正（通達改正）の中でもオーナー企業の事業承継に影響のありそうな、「取引相場のない株式等の評価の見直し」について解説します。

①類似業種比準価額の計算方式は以下の改正を行う

- 比準要素である、配当金額・利益金額・簿価純資産価額を1：1：1とする。
- 類似業種の上場会社の株価につき課税時期の属する月以前2年間平均の選択が可能となる
- 類似業種の上場会社の配当金額、利益金額及び簿価純資産価額につき連結決済を反映させたものとする

②評価会社の会社規模の判定につき、大会社及び中会社の適用範囲を総じて拡大する

③株式保有特定会社の判定に新株予約権付社債を加える

上記の中で、特に取引相場のない株式の評価に与える影響が大きいものが①です。改正前は利益金額に対する比重が他の要素に対して3倍となっていたものが、平成29年の改正により、他の要素と等しくなりました。

これにより、利益に比して純資産の大きい会社（例えば老舗企業）は、類似業種比準価額が上昇する可能性があります。また、利益水準の高い会社が特別損失の計上等により株価が一時的に下落したとしても、その下落は改正前に比して薄れることとなります。加えて、純資産の要素が相対的に大きくなるため、純資産の積み上げによる類似業種比準価額の上昇スピードも速くなると考えられます。

第4章

最近では
中小企業による
M&Aの利用件数も
増えています。

M&Aの活用

事業承継の選択肢の一つで、親族や社内以外の第三者に経営をゆだねる方法が M&A です。M&A には事業継続や雇用確保など、さまざまなメリットがあります。

マンガでわかる

知識ゼロからのM&A

それにしても栄一はよくやってくれているな のんびり屋だからはじめは心配していたが…
そうですね
近藤部長や従業員のみんなも協力的だから助かるよ ところで もしも誰も会社を継いでくれなかったらどうなってしまったんだ？ 廃業？
最近はM&Aという方法も珍しくないですよ 会社そのものを売却してしまうんです
売却か… それはちょっとできないな 小さい会社とはいえ従業員や取引先にも迷惑がかかるし…
いえ 売却といっても会社がなくなってしまうのではなく 例えば第三者の買収企業に経営を継続してもらうんです

株式譲渡して買い手企業の子会社になるというのが一般的です
でも親会社がブラック企業でそこの子会社になることで従業員が劣悪な環境で働かされたら…
心配は分かりますが大丈夫ですよ私が以前支援した建設会社も後継者が見つからずM&Aによる事業承継を進めたのですが…
M&A
社長が堅実な方で買収候補先の企業数社と何度も面接を重ねて信頼できる会社を見つけてM&Aしました従業員も継続雇用してもらいその後　業績も上がりましたよ
なるほどそういう手もあるのか

M&Aも有力な選択肢！

M&Aとはどのようなものか？

後継者不在の会社にとって、M&Aによって第三者に経営してもらうことも選択肢の一つ。

そもそもM&Aとは？

第1章で紹介したように事業承継の方法は3つあります。親族内承継、社内承継、そしてM&Aです。M&Aとは、合併（Merger）と買収（Acquisition）を意味する英語の頭文字をとった言葉です。簡単にいえば、会社そのものを売り買いするということを意味します。

ウェイトが高まるM&A

親族や社内等に事業を承継する適当な後継者がいない場合には、経済環境や業界の将来を考えて、従業員の雇用の維持や取引先の仕事を確保し、また経営者の老後の生活資金を得るため、会社そのものを売却し、第三者に経営してもらうことも選択肢の一つです。M&Aと聞くと大企業が対象で、中小企業にとってあまりなじみのないものと考えられがちでしたが、近年では中小企業での利用件数が増えてきています。ですからM&Aは、今や珍しいものではなく、事業承継の選択肢の一つとして浸透してきているのです。

M&Aは他人事だと思っていたが…
最近は中小企業のM&Aも増えていますよ

M&A件数の推移

＜M&A件数の推移＞

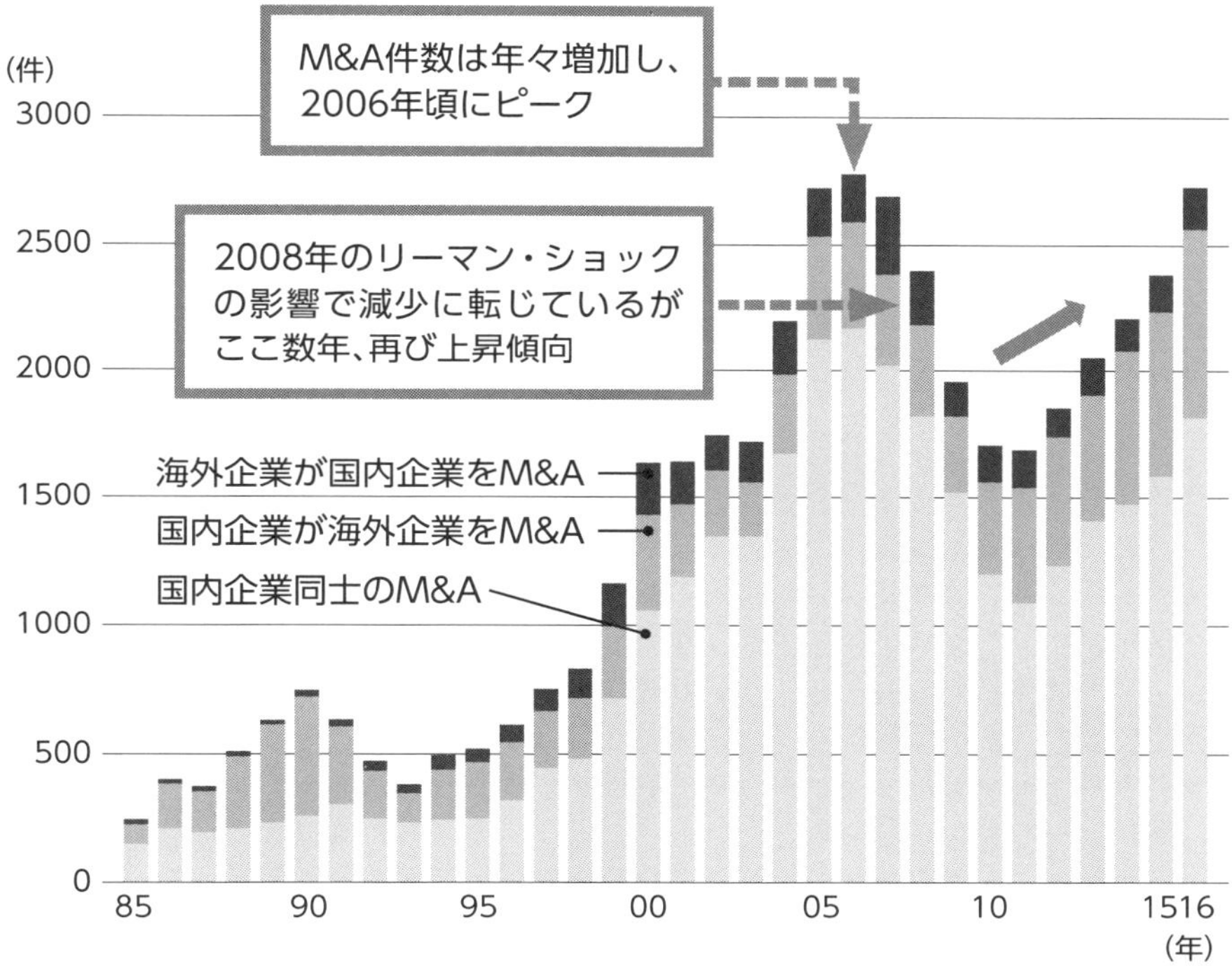
M&A件数は年々増加し、
2006年頃にピーク
2008年のリーマン・ショック
の影響で減少に転じているが
ここ数年、再び上昇傾向
(件)
3000
2500
2000
1500
1000
500
0
海外企業が国内企業をM&A
国内企業が海外企業をM&A
国内企業同士のM&A
85
90
95
00
05
10
1516
(年)

「1985年以降のマーケット別M&A件数の推移」(M&A専門誌MARR)より作成

会社が売却できればそれでいいというわけではありません。買い手企業はどんな相手なのか、契約条件はどうなるのかなど、考えなければならない問題、注意すべき点は多い。そして、M＆Aが完了してからが本当のスタートラインだということを忘れずに取り組むことが大切です。

ココがポイント!

- M&Aは外部の第三者に事業承継する方法である。
- 後継者がいない場合、M&Aは事業承継の選択肢の一つである。
- 近年、M&Aは中小企業での利用件数が増加してきている。

さまざまな手法から選択！

M&Aにはどのような手法があるのか？

M&Aの手法のうち、中小企業の事業承継では、株式か事業の譲渡が中心。

M&Aの手法

中堅・中小企業の事業承継に用いられる手法は「買収」がほとんどです。「買収」には、「株式取得」と「事業譲渡」があり、さらに「株式取得」には、「株式譲渡」「株式交換」「第三者割当増資」があります（上の図参照）。中小企業のM&Aの実務では、主に「株式譲渡」「事業譲渡」が用いられます（次ページ参照）。税制の取扱いも異なるため、その手法を比較検討することも重要です。

M&Aの手法

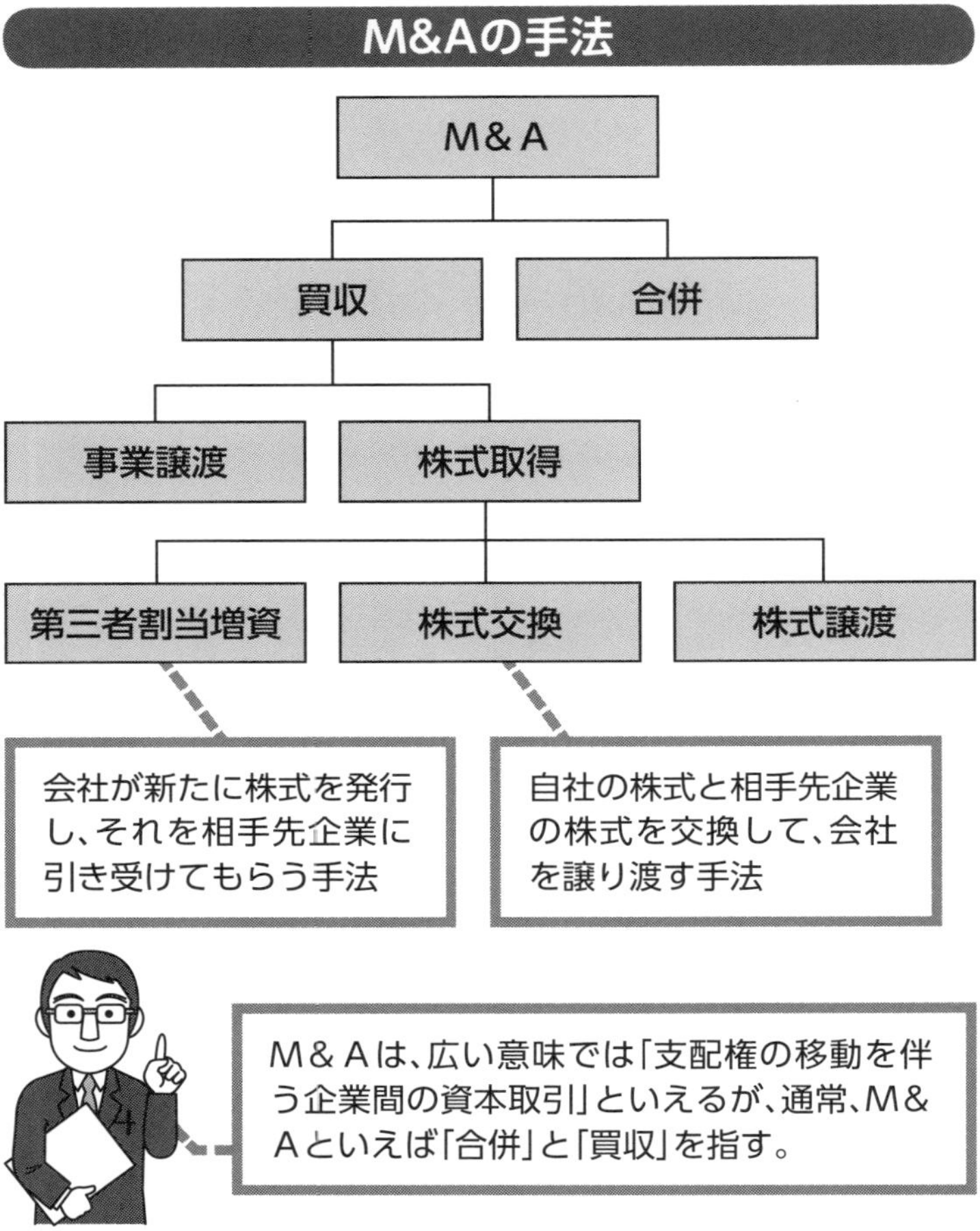
M&A
買収
合併
事業譲渡
株式取得
第三者割当増資
株式交換
株式譲渡
会社が新たに株式を発行し、それを相手先企業に引き受けてもらう手法
自社の株式と相手先企業の株式を交換して、会社を譲り渡す手法
M&Aは、広い意味では「支配権の移動を伴う企業間の資本取引」といえるが、通常、M&Aといえば「合併」と「買収」を指す。

株式譲渡・事業譲渡

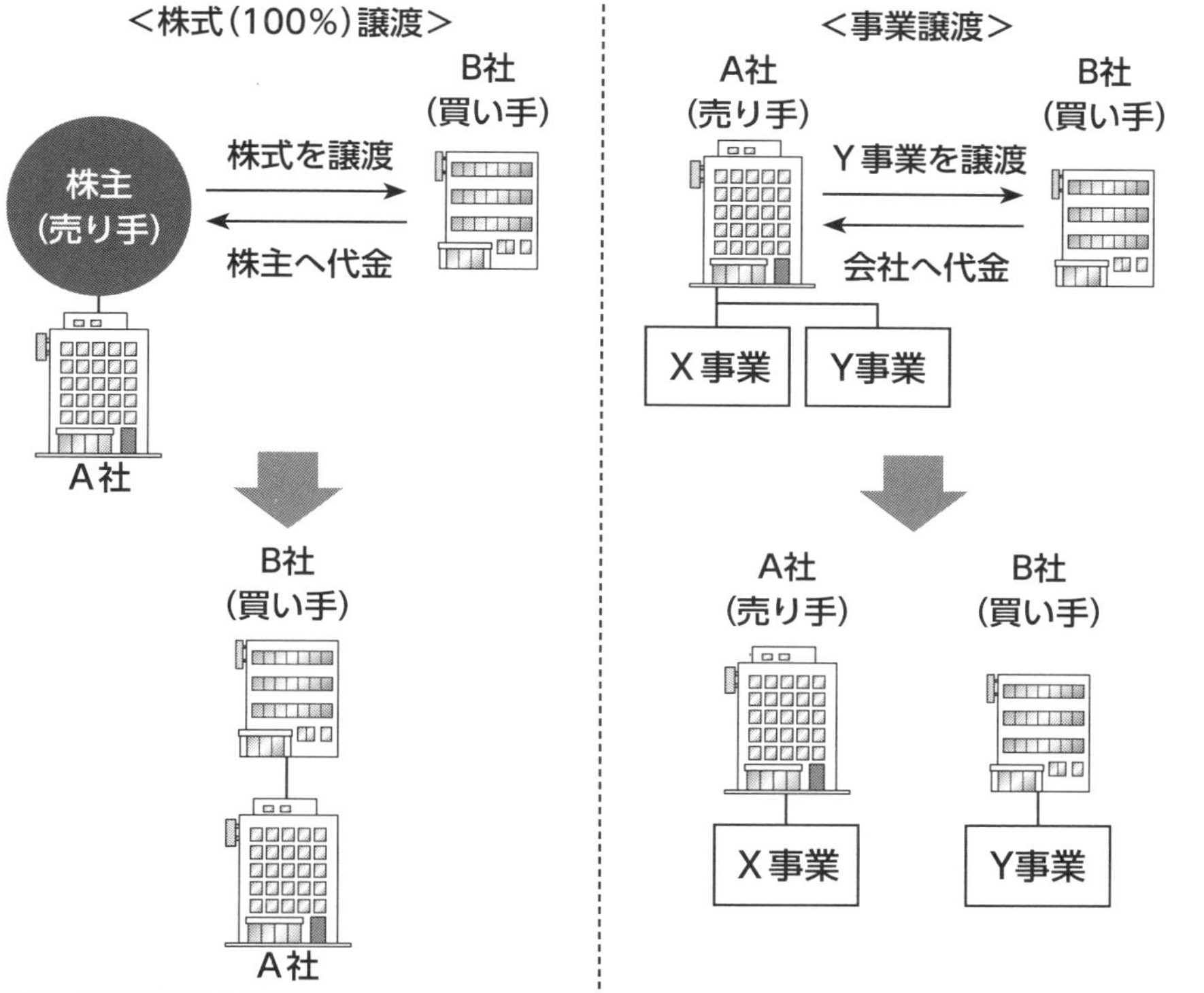
＜株式（100%）譲渡＞
株主
（売り手）
株式を譲渡
株主へ代金
B社
（買い手）
A社
B社
（買い手）
A社
＜事業譲渡＞
A社
（売り手）
Y事業を譲渡
会社へ代金
B社
（買い手）
X事業
Y事業
A社
（売り手）
B社
（買い手）
X事業
Y事業

現経営者の保有する株式を相手企業に売却。対象となる会社は相手先企業の子会社となるが、会社の株主が替わるだけで、今の事業を継続する。

単一事業の全部、あるいは複数の事業の一部または全部を売却する手法。不採算部門を切り離す場合や、会社の規模を縮小する際にも用いられる。

ココがポイント!

- 中小企業では「株式譲渡」が多いが、会社によっては「事業譲渡」も選択肢となる。
- M&Aにはいくつかの手法があり、目的に合わせて適した手法を選択する。

事業の継続、雇用の確保！ M&Aのメリットとは？

廃業するのも簡単ではありませんよ
そうなんだ
色々な手続きが必要ですし何より働いている従業員が困ることになりますさらに取引先にも大きな影響を与えますすよ
従業員には迷惑かけられないなぁ
M&Aが実現すれば従業員の雇用を確保して取引の継続も見込めるでしょうさらに社長の老後の資金も確保できます

M&Aにはさまざまなメリットがある。一方、いくつかの注意点もある。

メリットと注意点

Ｍ＆Ａにはさまざまなメリットが期待できます。最大のメリットは後継者がいない場合でも事業を継続させることができるという点です。そうすれば、従業員の雇用も確保することができます。

一方、次ページのような注意点もあります。Ｍ＆Ａを検討する際には、あらかじめメリットや注意点を踏まえて、慎重に判断していくことが大切です。

M&Aのメリット

事業承継	●後継者が社内にいない場合でも、事業の継続が可能である。 ●従業員の雇用の維持、取引先との取引維持が期待できる。
経営者の利益実現	●現経営者は株式売却により利益を得ることができる。 ●企業価値を評価してくれる買い手ならば、税法上の価格を大きく超える可能性もある。
企業基盤の強化	●大手企業の傘下に入る場合などは、資金調達、販路拡大を円滑に行いやすくなる。 ●買い手企業との相乗効果により新たな発展が可能となる。
選択と集中	●低採算事業を切り離すことによって、得意分野に経営資源を集中することができ、経営の効率化が図れる。
個人保証の解除	●中堅・中小企業に多い経営者自身の個人保証を解除できる。

M&Aの注意点

- 相手探しやマッチングが難航し、困難を伴うことがある。
- 現経営者の思い通りにはいかないことがある。
- 相手先との交渉や監査への対応などに労力を要し、心理的な負担もかかる。
- 情報漏えいがないように、決定するまでは細心の注意が必要である。

ココがポイント!

- **M&Aにはさまざまなメリットがあり、事業を継続できることが最大のメリットである。**
- **相手探しや交渉に困難や心理的な負担が伴うこともある。**
- **情報が漏えいしないよう細心の注意を払う。**

いくらで売りたいか！

会社の売却価格はどのように決めるのか？

会社の価値の算定方法には3つのアプローチ、複数の算定方式がある。

会社の売却方法

相対交渉	条件の合う買い手候補から１社を選び、条件などの交渉を行い、双方で合意に達したら契約手続きに入る。契約に至らなかったら、また別の会社と一から交渉を始めるという方法。 何社かと交渉して希望どおりの条件では売れそうにないとなったら、売却そのものをやめることも可能。
入札（オークション）	売り手側の情報を匿名で公開して広く買い手を募り、名乗りを上げたところから候補先を２、３社に絞る。その候補先からそれぞれの条件を提示してもらい、最終的な買い手企業を選ぶという方法。 原則として売却を途中でやめることはできない。

Ｍ＆Ａの仲介会社を利用する場合は、相対交渉方式となるのが一般的。

会社の売却方法

Ｍ＆Ａで会社を売却する方法は、上の図のように「相対交渉方式」と「入札（オークション）方式」の大きく2つに分けられます。

会社の売却金額

会社の売却を検討するときに重要なのは、「いくらで売れるのか」「いくらで売りたいか」ということです。会社の価値を算定する方法には、次ページにある3つのアプローチがあり、それぞれ複数の算定方式があります。

会社の価値の算定方法

コストアプローチ	簿価純資産法	簿価純資産価額をそのまま使用
	時価純資産法	企業の正味財産額
インカムアプローチ	収益還元法	一定期間の収益を還元利回りで割り戻して算出
	DCF法	企業が今後稼ぐキャッシュフローの合計を現在の価値に直して(割り引いて)算出
マーケットアプローチ	取引事例法	取引事例を参考に算出
	類似会社比準法	市場で取引されている類似の会社を参考に算出
	類似業種比準法	類似業種の取引価格を参考に算出

上記のように企業価値の算定方法は多岐にわたり、いくつかの方法を併用して行う。

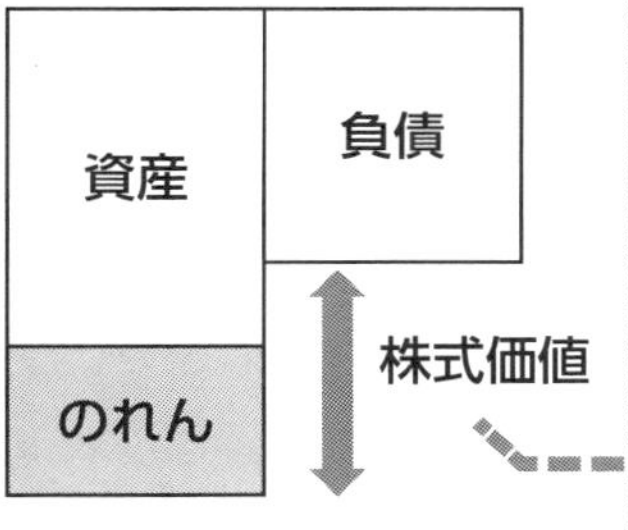

中堅・中小企業の会社の価値を算出するには、時価純資産法をベースにした「純資産額＋のれん」を目安にするとよい。「のれん」とは、例えばブランドやノウハウ、技術力、立地、顧客、人材など目に見えない価値があるもの。例えば、のれんを営業利益の3～5年分とした場合、それを会社の資産と負債の差額に加えた金額が、その会社の株式価値＝売却価格と考えればわかりやすい。

ココがポイント!

- 売却の方法には、相対交渉方式と入札方式がある。
- 会社の価値の算定方式は複数ある。
- 売却価格の目安は、「純資産額+のれん」と考えるとわかりやすい。

▼▼▼ 検討・方針の決定～買い手候補を絞る

M&Aはどのような流れで進めるのか？①

M&Aの基本的な流れ①

① M＆Aについて検討・方針の決定	親族内承継、社内承継、第三者承継のそれぞれのメリット・デメリットを十分に検討した上で、M&Aが最善かどうかを検討。どのような方針で進めるのか、課題となるものは何かを整理する。会社の経営資源、資産と負債などの現状を把握。事業への影響や自社の強みなども確認。
↓	
② M＆A支援会社の選定	M＆Aの具体的な手続きには支援会社の手助けが不可決。複数の会社をピックアップして比較検討して決定する。

支援会社を探すには、事業引継ぎ支援センター（P.174参照）や、専門家からの紹介、自力で探すなどの方法があるが、いずれの場合も複数の会社をピックアップして、これまでの実績や報酬体系、サポート体制などを確認し、比較検討して決定する。

M&Aにはいくつかの段階があり、手順を踏んで進めなければならない。

M&Aの一般的な流れ

Ｍ＆Ａで会社を売却する場合、いくつかの段階があり、手順を踏んで進めていかなければなりません。ここからは、その一般的な流れと、各段階でやるべきことや注意点などを見ていきましょう。

①検討・方針の決定

まず十分に検討して、Ｍ＆Ａを実行するかどうかを判断します。そして実行するという判断に至ったら、方針や課題などを整理していきます。

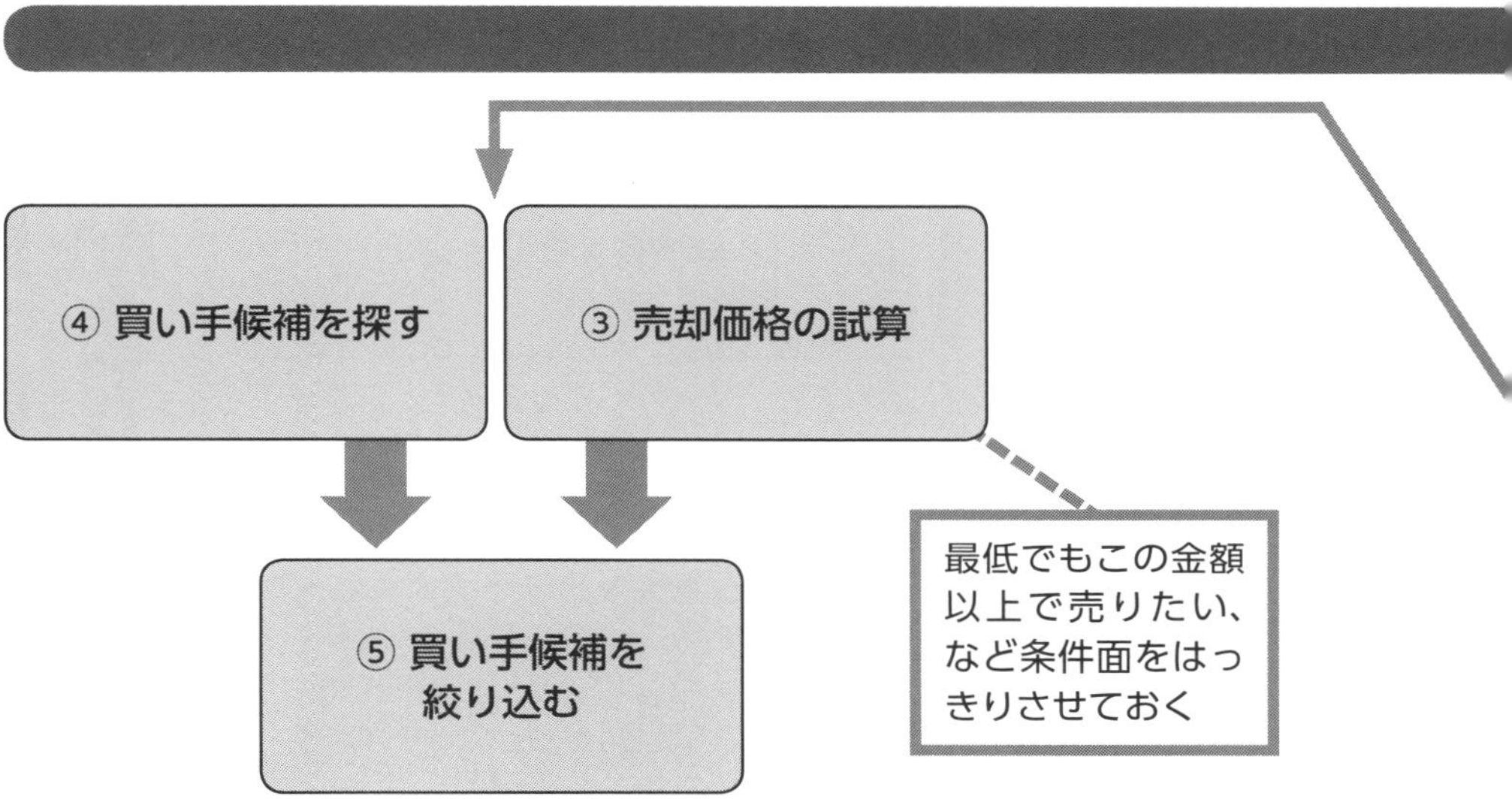
④ 買い手候補を探す
③ 売却価格の試算
⑤ 買い手候補を絞り込む
最低でもこの金額以上で売りたい、など条件面をはっきりさせておく

M&Aは経営者にとって重大な決断です
実行するべきかどうか十分に検討する必要があります
たしかに…重大な決断だな

②M&A支援会社の選定

M&Aの支援会社を探し、依頼先を決めます。決定したら、仲介契約などを結び、全体的なプランなどについて相談します。

③売却価格の試算

売却価格は、支援会社の試算と現経営者の希望価格とを摺り合わせて決めます。

④買い手候補を探す

売り手や支援会社が幅広く考えて、買い手となりそうな会社をリストアップします。

⑤買い手候補を絞る

作成したリストの中から条件に合いそうな候補先を数社に絞り込みます。

M&Aはどのような流れで進めるのか？②

企業情報提供～デューディリジェンス

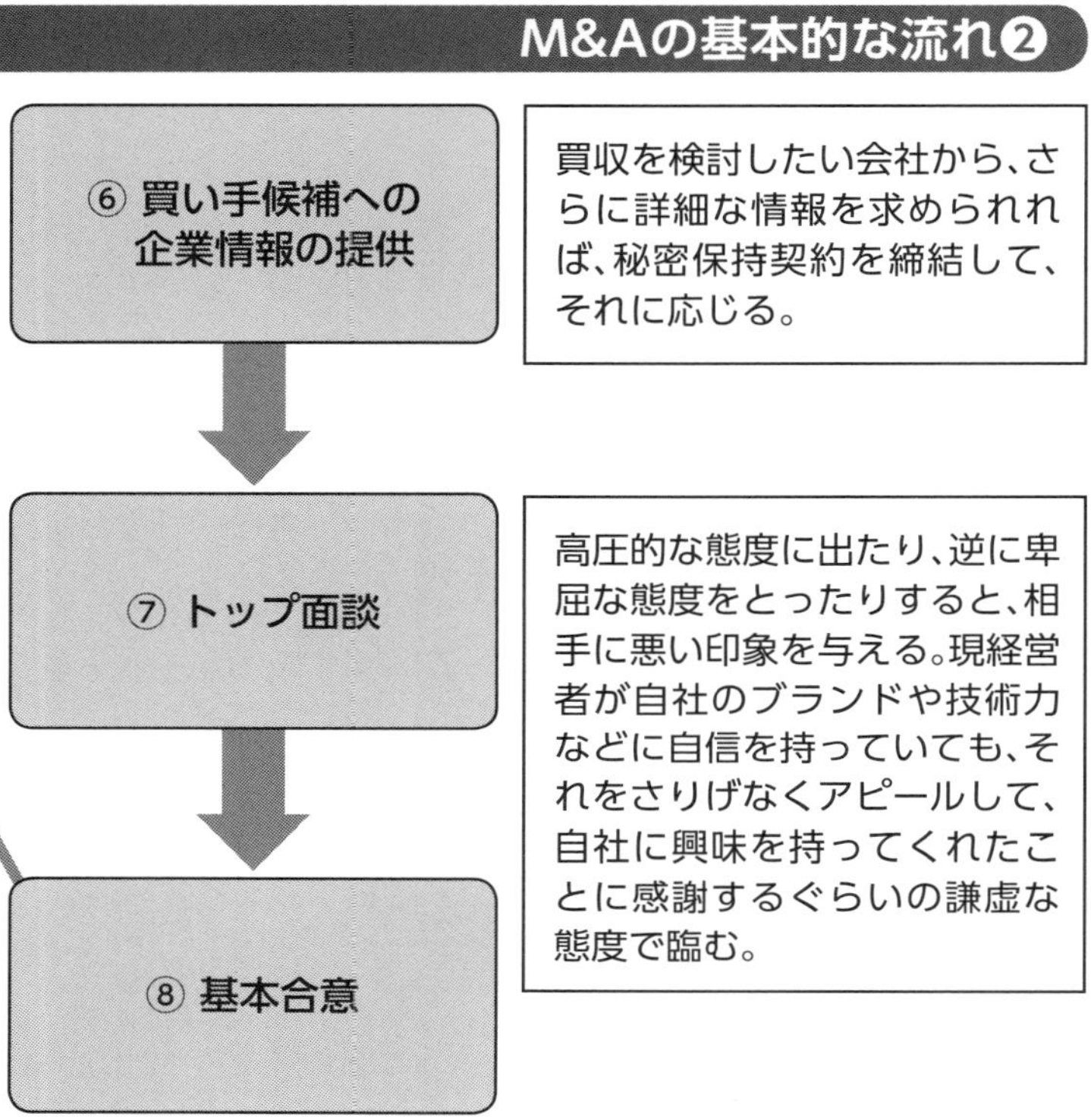
M&Aの基本的な流れ❷
⑥ 買い手候補への企業情報の提供
買収を検討したい会社から、さらに詳細な情報を求められれば、秘密保持契約を締結して、それに応じる。
⑦ トップ面談
高圧的な態度に出たり、逆に卑屈な態度をとったりすると、相手に悪い印象を与える。現経営者が自社のブランドや技術力などに自信を持っていても、それをさりげなくアピールして、自社に興味を持ってくれたことに感謝するぐらいの謙虚な態度で臨む。
⑧ 基本合意

⑥企業情報の提供

会社の売却にあたっては、「ノンネームシート」と呼ばれる匿名の企業概要を買い手候補の会社に提示して打診します。

⑦トップ面談

売り手と買い手候補の経営者同士が直接会うトップ面談を行います。

⑧基本合意

買い手候補と、経営者、役員および従業員の処遇や、最終契約までのスケジュール、その間に順守するべき事項、守秘義務などに関する合意事項を確認したら、それらを記載した基本合意書を作成して取り交わします。

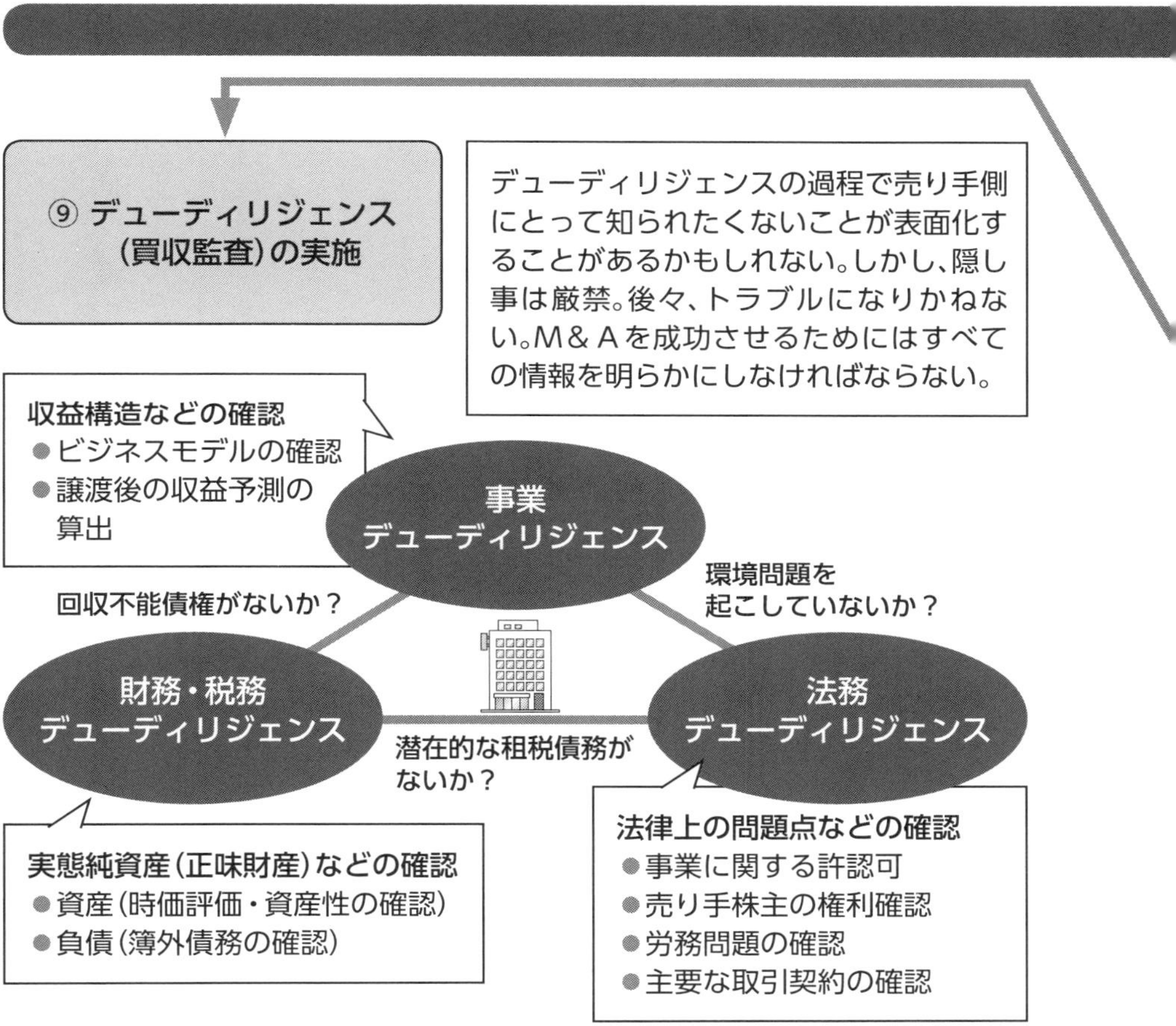
⑨ デューディリジェンス（買収監査）の実施
デューディリジェンスの過程で売り手側にとって知られたくないことが表面化することがあるかもしれない。しかし、隠し事は厳禁。後々、トラブルになりかねない。M＆Aを成功させるためにはすべての情報を明らかにしなければならない。
収益構造などの確認
●ビジネスモデルの確認
●譲渡後の収益予測の算出
事業デューディリジェンス
回収不能債権がないか？
環境問題を起こしていないか？
財務・税務デューディリジェンス
法務デューディリジェンス
潜在的な租税債務がないか？
実態純資産（正味財産）などの確認
●資産（時価評価・資産性の確認）
●負債（簿外債務の確認）
法律上の問題点などの確認
●事業に関する許認可
●売り手株主の権利確認
●労務問題の確認
●主要な取引契約の確認

⑨デューディリジェンス

デューディリジェンスとは、財務（資産・負債の状況など）、法務（定款・契約関係など）、事業（生産・販売活動など）、労務（会社組織・従業員など）に関する買い手側の詳細な調査のことです。

M&Aでは、買い手企業が専門家に依頼し、その担当者が売り手の会社に訪問して、帳簿を閲覧したり、書面ではわからない会社の状況などをインタビューしたりします。

このとき経営者一人で対応するのはむずかしいため、信頼できる従業員数人には事前に慎重に説明し、協力してもらう必要があります。

M&Aはどのような流れで進めるのか？③

条件交渉～統合作業

M&Aの基本的な流れ③

⑩ 条件交渉

現経営者からの条件はあらかじめ基本合意の時点である程度出しておくべき。事前の準備が足らず、後から条件を追加するのは禁物。

↓

⑪ 最終契約・決済
- 主要取引先への報告
- 従業員説明会

契約が成立したら取引先や従業員への報告を行う。全従業員を集めて従業員説明会を開き、現経営者と買い手会社の社長が一緒に説明を行う。主要取引先にはその日のうちに出向いて、譲渡の報告と事業の引き継ぎ方法などについて説明する。

↓

⑫ 統合プロセス（PMI）

※PMI…Post Merger Integrationの略で、M&A成立後の統合プロセスのこと。M&Aの成否はPMIによって大きく影響される。

Ｍ＆Ａの手続きは終わっても、異なる会社が1つになるためにはさまざまな実務的な作業が必要。
Ｍ＆Ａは成立してからが本格的なスタート。

⑩条件交渉

Ｍ＆Ａについて詳細な条件を売り手・買い手双方で詰めていき、最終的な売却価格を決定します。

⑪最終契約など

譲渡の内容と、売却価格を定めた最終契約書を取り交わし、売り手側は譲渡に必要な書類を引き渡し、買い手側から譲渡代金を受け取ります。

⑫統合プロセス

契約締結後に行われる統合の作業がＭ＆Ａの総仕上げとなります（次項を参照）。

これまでに一連のプロセスを見てきましたが、最初から最後まで重要

M&A成功のためのポイント

オーナーの納得感	M＆Ａによる事業承継を選択する前に、ほかの選択肢がないかを徹底的に考え、M＆Ａがベストだと納得するまで検討する。途中で方針転換すると、M&Aの成否やその後の経営に混乱を招いてしまうので注意が必要。
従業員の理解	M＆Ａが事業承継問題の解決策であることを正しく理解してもらう。
相手先との信頼関係	M＆Ａの相手方に対して敬意を示し、信頼関係を築く。
最適なアドバイザーの活用	M＆Ａの豊富な知識と経験を持つ専門家・アドバイザーを探し、上手にサポートを受けることで、よい結果に結びつくことが多い。

噂
情報
情報管理を徹底しなきゃならんな。
M＆Ａを進めていく上でとくに大事なのが情報の管理です。

なのが情報の管理です。

進行段階で噂が立つことで、M＆Aそのものが破談になることもあるので、情報管理は徹底して行わなければなりません。

また、M＆Aを成功に導くポイントとして上の図にあるようなことが挙げられます。

ココがポイント！

- M&Aの全体の流れをつかんでおくことが大切である。
- 最初から最後まで重要なのが情報の管理。情報管理を徹底する。
- 現経営者の納得感や従業員の理解などが成功のポイントとなる。

これからが本当のスタート！

Ｍ＆Ａ成立後の経営統合をどうするのか？

Ｍ＆Ａ成立後にうまく経営統合できてこそ、本当の意味で成功したといえる。

経営統合の重要性

Ｍ＆Ａでは、契約成立後にうまく経営統合できるかどうかが、本当の意味での成否の分かれ目になります。時間とコストをかけてＭ＆Ａが成立しても、その後の経営統合がうまくいかなければ、売り手企業にとっても買い手企業にとっても意味がありません。

ソフト面・ハード面の経営統合

経営統合には、企業文化や風土といったソフト面の経営統合と、業務プロセスなどのハード面の経営統合があります。ソフト面では企業文化の違いを乗り越える意識を持てるか否かがポイントになります。ハード面では統合項目が多岐にわたり、現場レベルではかなりの労力が必要となります。

Ｍ＆Ａ成立後は、次ページにあるような統合プロセス（ＰＭＩ）を進めていきますが、経営統合に向けて、お互いに状況を理解して、新たな会社を作っていく意識を持って業務を進めることが求められます。

ようやくこれで M&A成立か
社長 これからがスタートです うまく経営統合できてこそ 真の成功といえるのです

M&A成立後の統合プロセス（PMI）

統合プロセスの全体構想	●経営陣により統合方針・相乗効果による目標を展開 ●各作業工程の節目・スケジュールの設定
プロジェクト等の編成	●プロジェクトの決定機関の設置 ●事務局や分科会、委員会などの設置
リスク・課題の洗い出し	●新体制における円滑な業務継続や目標達成にかかわるリスク事項、検討課題などの整理
さまざまな面から検証・対策を具体化	●各課題について営業、業務、法務、財務、システムなど各方面から検証・対策を具体化
決定事項や規定の書面化 統合後の事業計画の作成	●決定したことの書面化　●規定類の整備 ●許認可申請　●統合後事業計画の作成
上部機関における決定 経営統合	●取締役会などで正式に決定 ●新体制へ移行 ●モニタリングの実施、適宜問題解決

ココがポイント！

●経営統合には、ソフト面の統合とハード面の統合がある。

●経営統合に向けて、売り手企業・買い手企業が互いの状況を理解し、新しい会社を作っていくという意識を持つことが大切である。

Column

M&Aの成否

事業承継の選択肢として一般的な、「第三者への承継(M&A)」ですが、成功に導く上で重要なポイントがいくつかあります。例えば、「信頼できる専門家を起用する」「情報管理を徹底する」「早い時期に譲渡の決断をする」などですが、最も重要なのは、オーナーが確固たる譲渡への意思決定をすることです。

M&Aを進めているオーナーの中には、意思決定があいまいなまま、何となく譲渡手続きなどを進めている方もいます。しかしこのような場合は、たいてい悪い形でM&Aが頓挫してしまい、オーナーや会社、関係者にとって不幸な結果を招いてしまいます。

結婚をイメージすると分かりやすいかもしれませんが、M&Aは金銭的な交渉も含めて「第三者」と協調、融和していく手続きですので、あいまいな気持ちのままその手続きに臨むと、双方(M&Aの場合は売り手と買い手)に不信感を招き、それが要因でM&Aが不成立になることが多々あります。さらに一度進めたM&Aをストップさせることはオーナーや関係者に多大な悪影響を与えます。

従ってM&Aは慎重に考えた上で、やると決めたら最後までやりきる意思を持つことが重要です。

第5章

相続を巡って
家族間で争うのだけは
避けたいところですね。

相続対策

相続対策では、親族間でのトラブルを未然に防ぐためにも、被相続人が生前のうちに遺産分割などについて対策を講じることが大切です。

マンガでわかる
知識ゼロからの相続対策

相続があると家族がモメるって話を聞くけど父さんにもしものことがあっても栄一と彩美でモメるようなマネはしないでくれよ
大丈夫よ 兄さんはともかく私がしっかりするから
先生からも「相続」が「争族」にならないように色々とレクチャーしてもらっているんだ 今は財産リストを作っているよ
財産リスト？
父さん個人や会社の財産について評価額をまとめたものなんだ
おっ！ 興味ある！ ちょっと見せて
この財産を誰がどう相続するかを検討しなければ…
いい機会だからこの場で決めちゃおうか！
おいおい 今日は母さんの誕生日だぞ

▼▼▼取り組むべき3つの対策!

相続対策についてどう考えるべきか?

社長　事業承継と併せて相続についても考えておく必要があります
相続も…
社長に万一のことがあったら大変です家族間で争う「遺産争族」が起こることも考えられます
家族が争うのはよくないな
相続した人が多額の相続税を背負うことになるかもしれません今から相続対策についても考えておきましょう

相続財産をスムーズに次世代に承継するための対応策が相続対策。

相続対策の必要性

この章では相続対策について見ていきます。オーナー経営者の場合、個人名義の預貯金はもちろん、保有する自社株式や事業用資産も相続税の対象となります。家族が重い相続税の負担で苦しむことがないように、また生前贈与や遺産分割でもめないためにも相続対策が必要です。

一般的な相続対策には、「遺産分割対策」「納税資金対策」「税負担軽減対策」があります。

一般的な相続対策

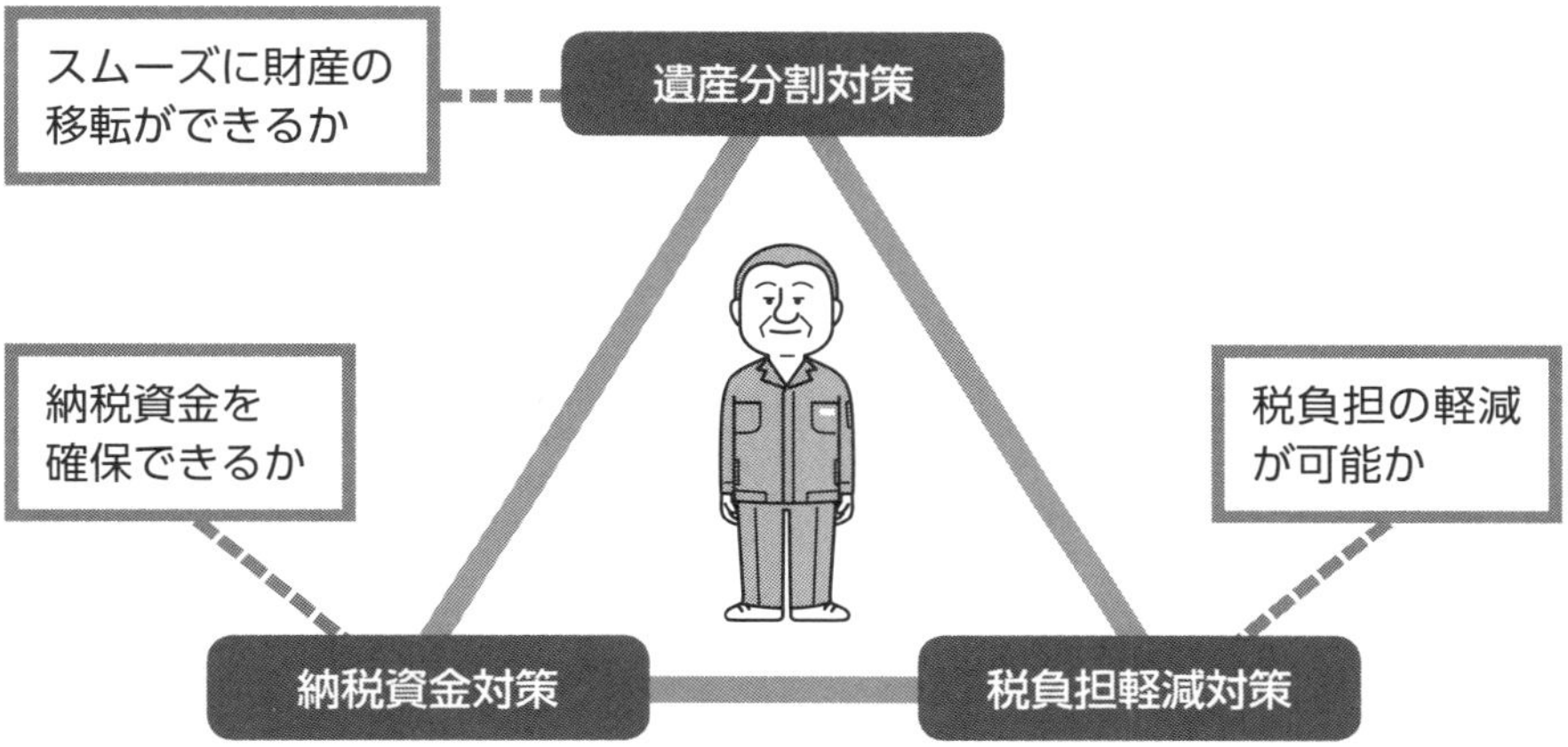
スムーズに財産の移転ができるか
遺産分割対策
納税資金を確保できるか
税負担の軽減が可能か
納税資金対策
税負担軽減対策

遺産分割対策	残された相続人にどの財産を承継させるかを考え、スムーズにその考えどおりに財産が移転するようにしておく対策。遺産分割対策がないと、財産の多少にかかわらず（むしろ少ないときほど）肉親間の争い（＝争族）が起こる確率が高くなる。
納税資金対策	財産を相続したときに発生する相続税の納税資金と、引き継ぎにかかる経費（不動産の登記費用など）のための資金を確保する対策。相続財産が多額の場合、とくに相続財産の大部分が不動産や自社株式のケースでは重要な課題となる。
税負担軽減対策	納付すべき相続税額を、相続発生前に適正にコントロールする対策。

相続対策で大切なのは、被相続人本人の生活設計や意思を尊重し、かつ残された人の生活設計を考慮しながら、３つの対策をバランスよく実行することである。

ココがポイント！

- **相続対策によって、遺産「争族」を防止し、納税資金を確保する。**
- **「遺産分割対策」「納税資金対策」「税負担軽減対策」をバランスよく実行することが大切である。**

相続対策でまず行うことは？

相続対策は、どのような資産がどれだけあるのかを把握することから始める。

所有する資産を洗い出す

オーナー経営者の場合、個人と会社の財産が混在しているケースが少なくありません。そこで、相続対策を検討する場合には、まず所有する資産を洗い出し、財産リストを作成していきます。

財産リストの作成

最初に、土地や建物といった不動産のリストを作成していきます。これらは資産のなかでも整理されていない可能性が高いものです。現在の所有者は誰なのか、どのような契約になっているのかを確認していきます。

次に問題になりやすいのが、自社株式と会社への貸付金（役員借入金）です。内容や評価額などを正確に把握して記載していきます。その他、預貯金や有価証券、ゴルフ会員権、高価な美術品、生命保険の死亡保険金など、相続財産とみなされるものについては忘れずに記載します。

財産リストができたら、誰にどの財産を残すかを検討していきます。

Column

会社への貸付金（役員借入金）

中小企業の場合、経営者からの借り入れで資金を調達することもある。この資金が役員借入金で、対策が必要になる場合もある。役員借入金を減らす方法は、①返済を進める、②会社への貸付金を放棄する、③役員借入金を資本に振り替える、④会社への貸付金を後継者に贈与する、の4つがあり、それぞれメリット・デメリットがある。時間や資産の有無などを考慮して最善の方法を選ぶようにする。

財産リストの作成手順

オーナー経営者個人が所有する財産のうち、相続財産になるものを一覧にする

会社が使用している経営者個人の資産、会社に貸し付けているお金、その他相続財産になるものを漏れなく確認

↓

それぞれの財産の評価額を調査・算出してリストに記載する

自社株式など換金しにくい資産を把握

↓

誰にどの財産を相続させるかを検討する

↓

後継者以外の相続人にも配慮をしつつ、相続対策を行う

事業承継を含む相続の場合、後継者である子どもに法定相続分以上の資産(自社株など)を残すことになる場合が多いので、後継者ではない子どもに対する配慮が必要。

現経営者の相続を円滑に行うためには、早めに財産リストを作成し、現状を正しく把握することが大切。

ココがポイント!

- 相続対策では、まず現経営者が所有している資産を洗い出して財産リストを作成し、現状を正しく把握することが大切である。
- 後継者ではない子どもに配慮することも必要である。

▼▼▼トラブルを防ぐために！

「争族」対策はどのように行うのか？

生前に遺産分割の話をするのを不謹慎と考えず、対策を立てておく。

「争族」を防ぐための対策

「争族」防止のための遺産分割対策の必要性については、すでに触れましたが、ここでは具体的な方法について見ていきましょう。遺産分割対策としては、上の図のような「遺言書の作成」「分割が容易な財産への切り替え」「代償分割」などがあります。生前から遺産分割の話をするのは不謹慎と考えず、対策を立てておくことが相続発生後のトラブルを防ぐことにつながります。

遺産分割対策

遺言書の作成	被相続人の意思を伝える方法としては遺言書（第２章参照）の作成が一番。遺産分割でトラブルになるのは、遺言が残されていない場合が圧倒的に多い。遺言書を作成する場合には、トラブルが起きないよう法的要件を満たした遺言書を作成する必要がある。
分割が容易な財産への切り替え	相続財産に占める不動産の割合が多い場合、遺産分割で特定の相続人が特定の不動産を相続すると、公正な分割ができずトラブルが起きやすい。不動産などの分割しづらい財産は、売却、買換えなどの検討が必要である。不動産など売りにくいものは時間をかけて売却することで、本当に相続したいものが残る。
代償分割	事業承継のために自社株式を特定の相続人がすべて相続する場合などには金銭代償（第２章参照）が考えられる。この場合、特定の財産を相続する相続人が他の相続人に代償する財産のことまで考えて準備しておく必要がある。

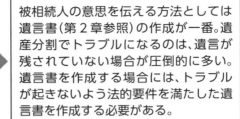

遺言書の例

法的な要件を満たすものとする

遺言書

遺言者●●●●は、この遺言書により次のとおり遺言する。

一、妻●●には以下のものを相続させる

（一）土地

□□市△△町1丁目2番3号

宅地200平方メートル

（二）建物

同所同番地所在

家屋番号　同町○番

木造瓦葺二階建て居宅一棟

床面積　一階100平方メートル　二階100平方メートル

（三）遺言者名義の▲▲銀行■■支店の預金の全額

二、長男●●には以下のものを相続させる

（一）所有する●●●株式会社の全株式

（二）その他、本遺言書に記載のない財産一切

三、二男●●には以下のものを相続させる

（一）遺言者名義の●●銀行▲▲支店の預金の全額

四、この遺言の執行者として●●●●を指定する。

付言事項　○○○○○○○○○○○○○○○○○○○

平成29年3月1日

○○○○印

財産の分け方の理由や家族への感謝など

ココがポイント！

- 遺産分割対策としては、遺言書の作成、分割が容易な財産への切り替え、代償分割などがある。
- 生前から対策を立てておくことがトラブル防止につながる。

評価方式と評価額を知る！

土地の相続税評価はどのように行うのか？

土地の相続税評価の方法は定められており、路線価方式と倍率方式がある。

土地の相続税評価

相続税は、その相続財産の価額と相続人の数により税額が決まります。ですから相続対策を考える場合、財産の評価方式と評価額を知ることが重要です。

ここでは、一般に相続財産のなかで大きな割合を占める土地の相続税評価について見ていきましょう。土地の評価方法には、上の図にあるように路線価方式と倍率方式の２つの方式があります。

土地の評価単位・評価方式

土地→原則として宅地、田、畑、山林などの地目ごとに評価

宅地の評価単位
宅地は１画地の宅地ごとに評価する。１画地の宅地とは、利用の単位となっている１区画の宅地である。

倍率方式	路線価方式
路線価が定められていない地域の評価方法。倍率方式における土地の価額は、その土地の固定資産税評価額(都税事務所、市区役所、町村役場で確認できる)に一定の倍率を乗じて計算する。	路線価が定められている地域の評価方法。路線価方式における土地の価額は、路線価をその土地の形状等に応じた奥行価格補正率などの各種調整率で補正した後に、その土地の面積を乗じて計算する。

路線価とは、路線(道路)に面する標準的な宅地の1㎡当たりの価額のことで、千円単位で表示されている。

←―― 200D ――→

この場合は1㎡当たりの路線価が200,000円で、借地権割合が60％であることを示している。

※路線価図および評価倍率表と、それぞれの見方は国税庁ホームページで閲覧できる。

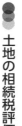

路線価方式の評価例

＜一方が道路に面する宅地（普通住宅地区）の評価額＞

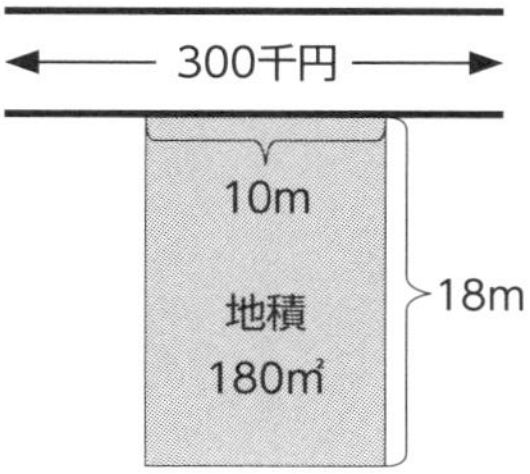

正面路線価		奥行価格補正率		1㎡当たりの価額
300千円	×	1.00	＝	300千円

1㎡あたりの価額		地積		
300千円	×	180㎡	＝	54,000千円

＜正面と側面が道路に面する宅地（普通商業・併用住宅地区）の評価額＞

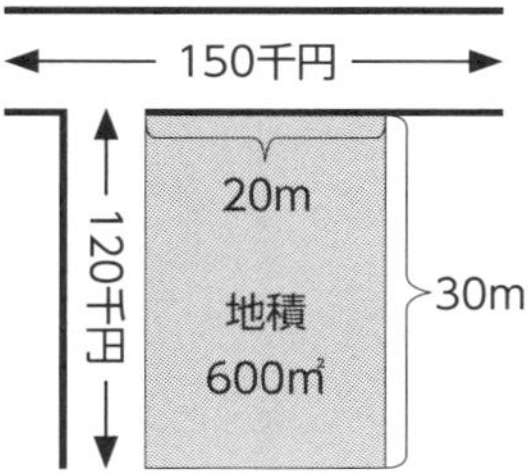

正面路線価		奥行価格補正率		1㎡当たりの価額
150千円	×	1.00	＝	150千円

側方路線価		奥行価格補正率		側方路線影響加算率
120千円	×	1.00	×	0.08＝9.6千円

1㎡当たりの価額		地積		
(150千円+9.6千円)	×	600㎡	＝	95,760千円

※奥行価格補正率や側方路線影響加算率などの画地調整率は、その宅地の存する地区区分（普通住宅地区など）に応じて定められている。

家屋の評価は固定資産税評価額に1.0倍して評価する。つまり、その評価額は固定資産税評価額と同じ。

ココがポイント！

- **相続財産の評価方式と評価額を押さえておく。**
- **土地の評価方法には、路線価方式と倍率方式がある。**
- **宅地は1画地の宅地ごとに評価する。**

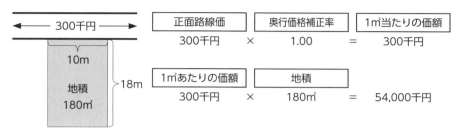

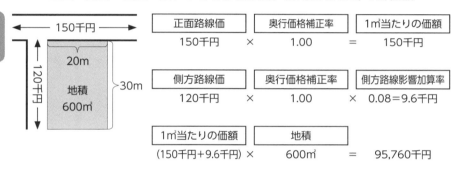

自宅以外の不動産の評価！

貸している土地はどう評価するのか？

更地にアパートなどを建築し、貸家建付地として評価額を下げることが可能。

貸宅地の評価

前項では土地の相続税評価について見ましたが、自宅とは別に所有している土地や家屋については、その利用状況などに応じて定められた方法で評価額を算出します。借地権などの権利の目的となっている宅地（建物を建てる目的で他人に貸している宅地）を「貸宅地」といいます。貸宅地の価額は、次のページのように評価します。

貸家建付地の評価

所有している土地にアパートなどを建築し、それを他人に貸している場合、その土地のことを「貸家建付地」といいます。貸家建付地の価額は次のページの計算式を見てわかるように、更地として所有している場合に比べて評価額が下がります。更地を所有している場合にはアパート等を建築するという相続対策が考えられます。ただし、キャッシュフローや利回りを十分に考慮して実行しないと、資金繰りがうまくいかなくなる可能性もあります。

自宅とは別にアパートを持っているんだけど…
土地は貸家建付地建物は貸家の評価になりますよ

※借地権…建物の所有を目的とする地上権または土地の賃借権のこと。

第三者に貸している不動産の評価

貸宅地の評価	自用地の評価額×（1 －借地権割合）
貸家建付地の評価	自用地の評価額×（1 －借地権割合×借家権割合×賃貸割合）
貸家の評価	固定資産税評価額×（1 －借家権割合×賃貸割合）

※借地権割合・借家権割合は地域により異なる。路線価図や評価倍率表で確認できる。

更地にアパートを建築した場合の例

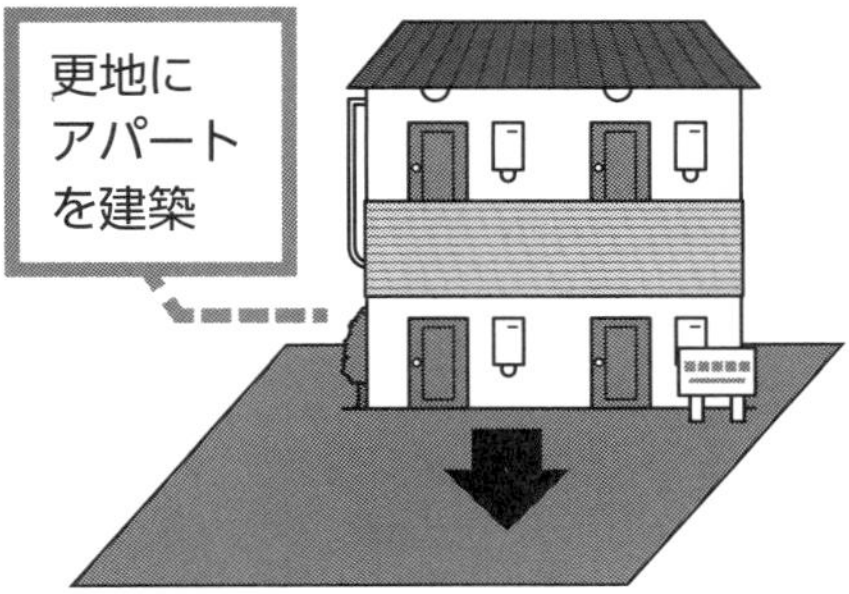

土地…自用地としての評価額4,000万円
建物…固定資産税評価額2,000万円
借地権割合…70％
借家権割合…30％
全室を賃貸

貸家建付地の評価額…4,000万円×（1 －0.7×0.3×1）＝3,160万円
貸家の評価額…2,000万円×（1 －0.3×1）＝1,400万円

このケースでは土地の評価額が840万円（21％）下がることになる。

ココがポイント！

- 貸宅地や貸家建付地の場合、自用地よりも低い評価額となる。
- 更地を所有している場合、アパートなどを建築するという相続対策が考えられる。

税負担を大きく軽減！

「小規模宅地等の特例」とは？

自宅の土地を相続するとなると結構な金額に…
自宅の土地の場合は特例を適用できますよ
特例？
要件を満たせば小規模宅地等の特例によって大きく減額することができます
会社の土地は？
事業用の土地もこの特例の適用を受けることができますよ特例によって税負担をかなり軽減することができるでしょう

居住用や事業用の土地を相続した場合、小規模宅地等の特例が適用可能。

小規模宅地等の特例

経営者が所有していた居住用や事業用の土地を、相続や遺贈で取得した場合、一定の要件を満たせば、限度面積までの部分については、相続税の課税価格に算入するべき価額の計算上、一定の割合を減額することができます。この特例を小規模宅地等についての相続税の課税価格の計算の特例（小規模宅地等の特例）といいます。特例の概要は次ページのとおりです。

小規模宅地等の特例の要件等

<table>
<tr><th colspan="2">相続開始の直前における宅地等の利用区分</th><th>取得者</th><th>要件</th><th>限度面積</th><th>減額割合</th></tr>
<tr><td colspan="2" rowspan="3">A.被相続人の親族</td><td>配偶者</td><td>要件なし</td><td rowspan="3">330㎡</td><td rowspan="3">80%</td></tr>
<tr><td>同居親族</td><td>①居住継続
②継続保有</td></tr>
<tr><td>別居親族</td><td>①配偶者および同居親族なし
②相続開始前3年以内に自己または配偶者の持ち家に居住したことがない
③継続保有</td></tr>
<tr><td colspan="2">B.事業用（不動産貸付以外）</td><td>被相続人の親族</td><td rowspan="3">①事業の承継
②継続保有</td><td rowspan="2">400㎡</td><td rowspan="2">80%</td></tr>
<tr><td rowspan="2">不動産貸付業</td><td>C.一定の同族会社の事業用宅地</td><td>その会社の役員である被相続人の親族</td></tr>
<tr><td>D.上記以外の収益物件</td><td>被相続人の親族</td><td>200㎡</td><td>50%</td></tr>
</table>

※限度面積についてAと、BまたはCはそれぞれ上限まで併用できるため、最大730㎡まで適用可能（Dも合わせて適用する場合は、一定の調整が必要）。

<親が所有し事業用に利用していた土地を事業承継する子が相続した場合>

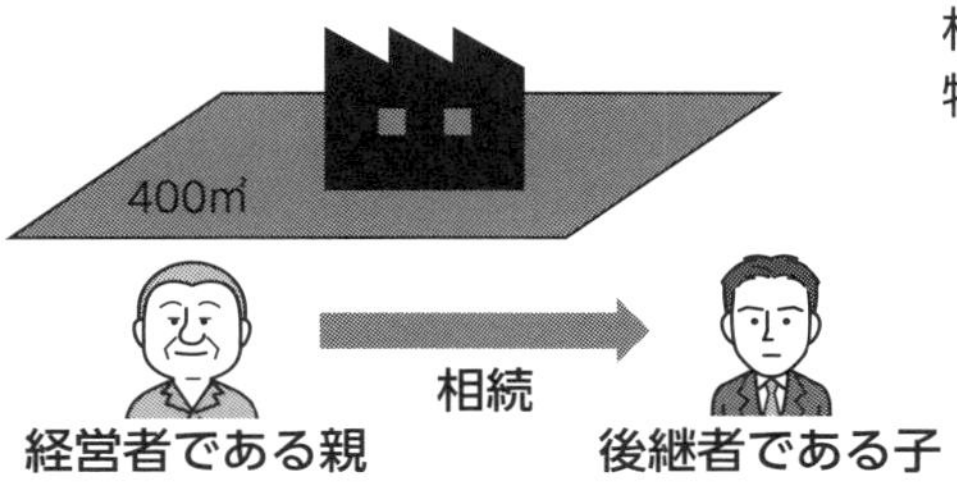

相続税評価額…8,000万円
特例を適用
する場合…8,000万円×
（1 −0.8）＝1,600万円

6,400万円の差

ココがポイント！

●一定の要件を満たせば、小規模宅地等の特例の適用を受けることができ、税負担を大きく軽減できる。

贈与を利用した相続対策とは？

相続対策として贈与税の基礎控除額を利用した財産の移転も考えられる。

贈与税の基礎控除額の利用

贈与税については第2章で紹介しましたが、相続対策として生前贈与が考えられます。生前贈与を行うことで、将来相続が発生した際の相続財産の総額を減らすことができるため、結果として相続税の負担を軽減することができます。

贈与税（暦年課税）は、「取得した財産の価額の合計−基礎控除額１１０万円」に対して課税されます。つまり、１年間に取得した財産の合計額が１１０万円以下であれば贈与税はかからず、申告も不要となります。１１０万円の基礎控除は贈与を受ける人ごとに認められるので、長期間にわたって、複数人に贈与することで大きな金額を税負担なく贈与することが可能です。ただし、注意点もあります（次ページ参照）。

また、居住用不動産の配偶者控除など贈与税の特例を利用する方法もあります。

Column

教育資金の一括贈与時の非課税

教育資金の一括贈与時の非課税とは、30歳未満の人が、教育資金に充てるため、金融機関等との一定の契約に基づき、受贈者の直系尊属（祖父母など）から信託受益権を付与された場合や、書面による贈与により取得した金銭を銀行等に預入れをした場合などには、その信託受益権または金銭等の価額のうち 1,500万円までは贈与税が非課税となる制度である(～平成31年3月31日)。なお、金融機関等の営業所等を経由して教育資金非課税申告書を提出することが必要。

複数人に長期間にわたって贈与をした場合

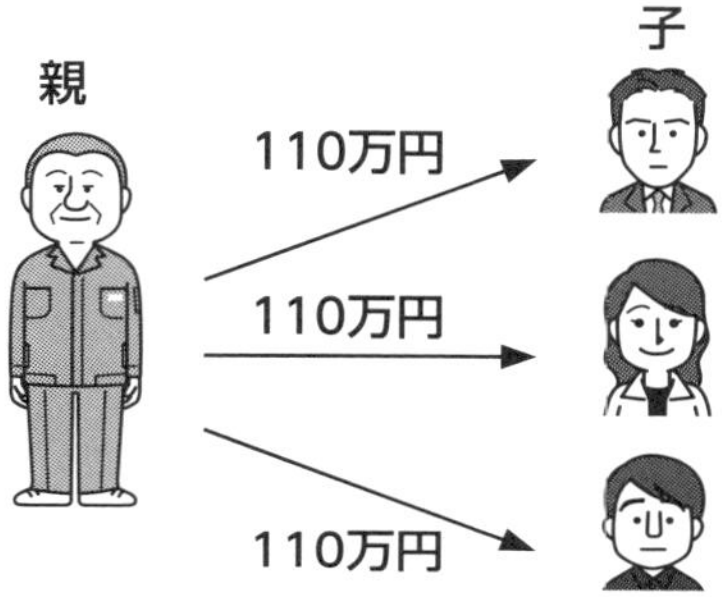

＜３人の子どもに10年間にわたって
毎年110万円ずつを贈与した場合＞
１年間…110万円×３人＝330万円
10年間…330万円×10年＝3,300万円

大きな金額の贈与が可能

長年同じ金額の贈与を継続していると「定期贈与」とみなされて、贈与初年度に遡って合算して贈与税が課税される可能性があるため、実際に贈与税の基礎控除を利用して連年贈与を行う場合は、しっかりと記録を残し、毎年、当事者の合意のもとで計画的に行うなどの工夫が必要。詳しくは専門家に相談したほうがよい

居住用不動産の配偶者控除

婚姻期間が20年以上の夫婦の間で、居住用不動産または居住用不動産を取得するための金銭の贈与が行われた場合、基礎控除110万円のほかに最高2,000万円まで控除(配偶者控除)できるという特例。

＜主な適用要件＞
- 夫婦の婚姻期間が20年を過ぎた後に贈与が行われたこと
- 配偶者から贈与された財産が、自分が住むための国内の居住用不動産であること、または居住用不動産を取得するための金銭であり、その後も居住の見込みであること

ココがポイント！

- **贈与税の基礎控除額110万円を利用した相続対策も可能である。**
- **居住用不動産の配偶者控除などの贈与税の特例の利用も考えられる。**

▼▼▼ 2500万円まで非課税で贈与可能！

相続時精算課税制度を選択する場合は？

まとまった財産を贈与する場合には相続時精算課税制度の選択も検討。

相続時精算課税制度の利用

前項では贈与税の基礎控除額の利用について見ましたが、この方法ではまとまった財産を贈与するには長い年数がかかります。そこで、一度にまとまった財産を贈与する場合には、第2章で紹介した相続時精算課税制度を選択する方法があります。

この制度には、上の図のようなメリット・デメリットがあるので、総合的な相続対策のなかで選択するかどうかを判断する必要があります。

相続時精算課税制度のメリット・デメリット

メリット

- 贈与時に支払う贈与税が軽減→2,500万円までは非課税で、それを超える部分については一律で20％の税率となる
- 贈与時点の価額で評価→相続発生時に贈与分も相続財産にプラスして計算するが、この場合は贈与時点の価額で評価する。将来の値上がりが予想される株式や不動産などを贈与し、それが相続時に実際に値上がりしていればそれがメリットとなる

デメリット

- 一度選択すると変更できない→この制度を一度選択すると、取り消すことができず、選択をした当事者間では暦年課税と併用することができない
- 相続税は課税される→贈与分もまとめて相続財産にプラスして相続税が課されるため、場合によっては多額の相続税が発生する可能性がある（ただし、贈与時に支払った贈与税は差し引くことができる）

相続時精算課税制度には、メリットもデメリットもある。選択するかどうかは総合的に判断していかなければならない。

相続時精算課税を選択した場合の贈与税の計算

＜父が子（20歳以上）に3,000万円を贈与したケース＞

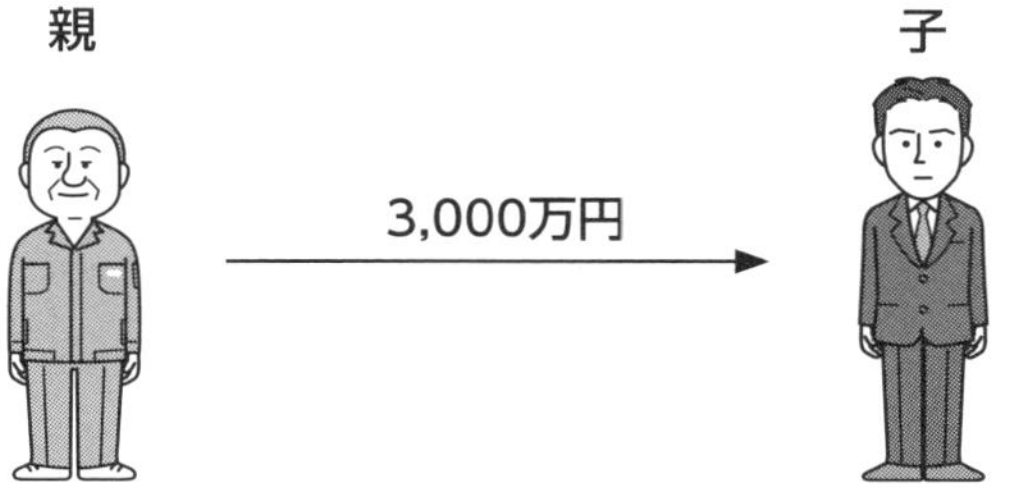

暦年課税の贈与税額の計算はＰ74を参照

＜相続時精算課税を選択しない場合（暦年課税）＞

基礎控除後の課税価格…3,000万円－110万円＝2,890万円
贈与税額の計算…2,890万円×45％－265万円＝1,035.5万円

＜相続時精算課税を選択する場合＞

特別控除後の課税価格…3,000万円－2,500万円＝500万円
贈与税額の計算…500万円×20％＝100万円

特別控除額を超える部分に一律20％の税率

贈与時の税負担が大きく軽減

このケースでは贈与者である父が死亡したときの相続税の課税価格に、その贈与者から贈与により取得した財産の贈与時の価額（3,000万円）を加算して相続税額を計算する。そして、すでに納めた贈与税を控除する。もし、贈与税額が控除しきれない場合には、還付を受けることができる。

ココがポイント！

- **相続時精算課税を選択することによって、2,500万円まで非課税で贈与できる。**
- **贈与した財産が相続時に値上がりしていると、メリットが大きい。**

遺産分割対策として有効！

生命保険をどのように活用するのか？①

円滑な遺産分割を行うために、生命保険を活用した対策が有効である。

生命保険の活用

生命保険は、遺産分割対策、納税資金対策、税負担軽減対策において、それぞれ活用することができます。ここからは生命保険の活用について見ていきましょう。

まず遺産分割対策としては、次ページのような方法が考えられます。

なお、生命保険は、契約者、被保険者、保険金受取人が誰なのかによって、受け取る保険金の課税関係が異なります（上の図参照）。

死亡保険金の課税関係

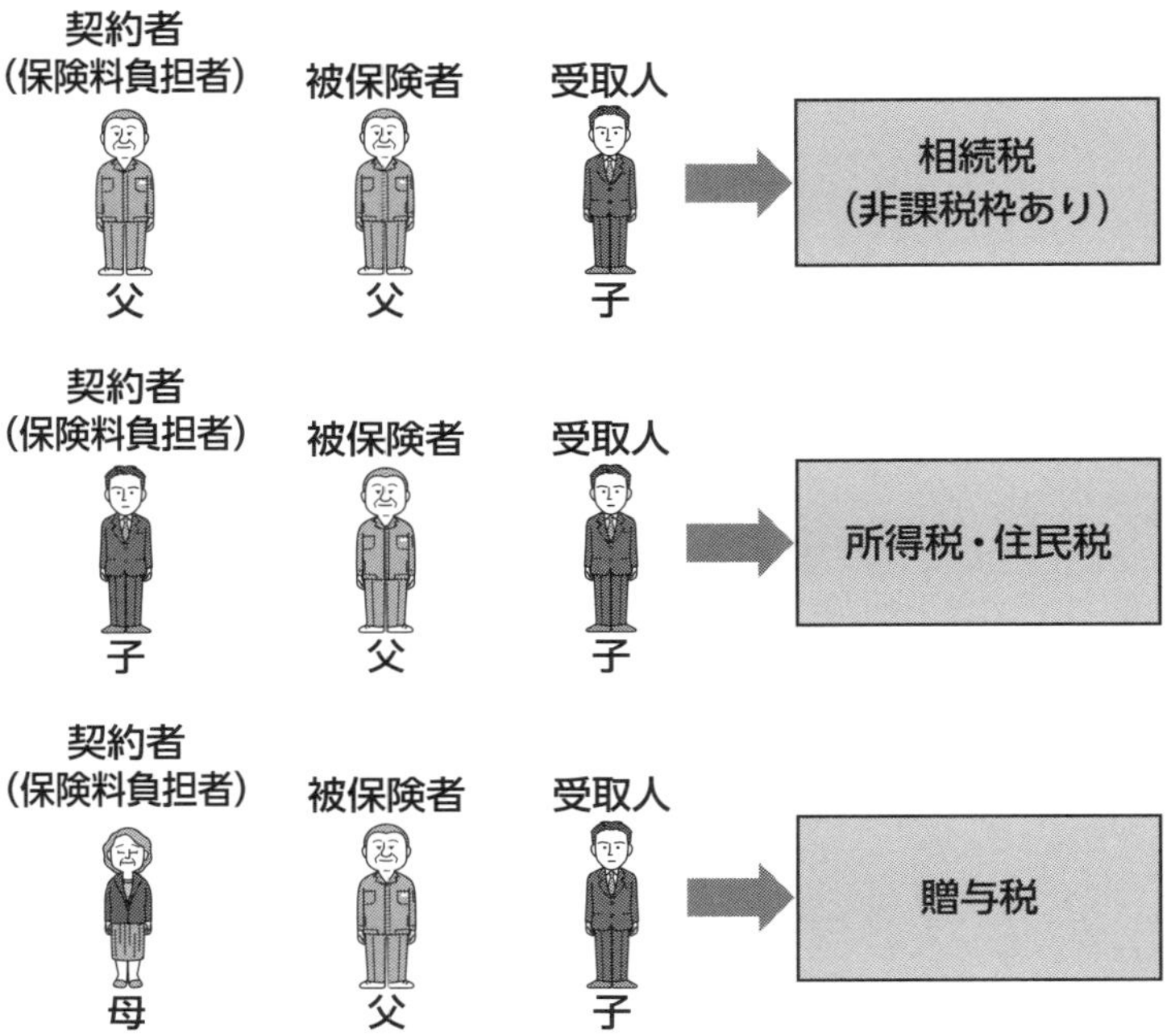

契約者（保険料負担者）
被保険者
受取人
父
父
子
相続税（非課税枠あり）
契約者（保険料負担者）
被保険者
受取人
子
父
子
所得税・住民税
契約者（保険料負担者）
被保険者
受取人
母
父
子
贈与税

つまり、契約者＝被保険者の場合は相続税、契約者＝受取人の場合は所得税、契約者≠被保険者≠受取人の場合は贈与税の課税対象となる。

生命保険を活用した遺産分割対策

円滑分割プラン

被相続人の相続財産については、遺言で特定相続人(後継者など)が受け取ることにし、その他の相続人は、生命保険金を受け取るプラン。

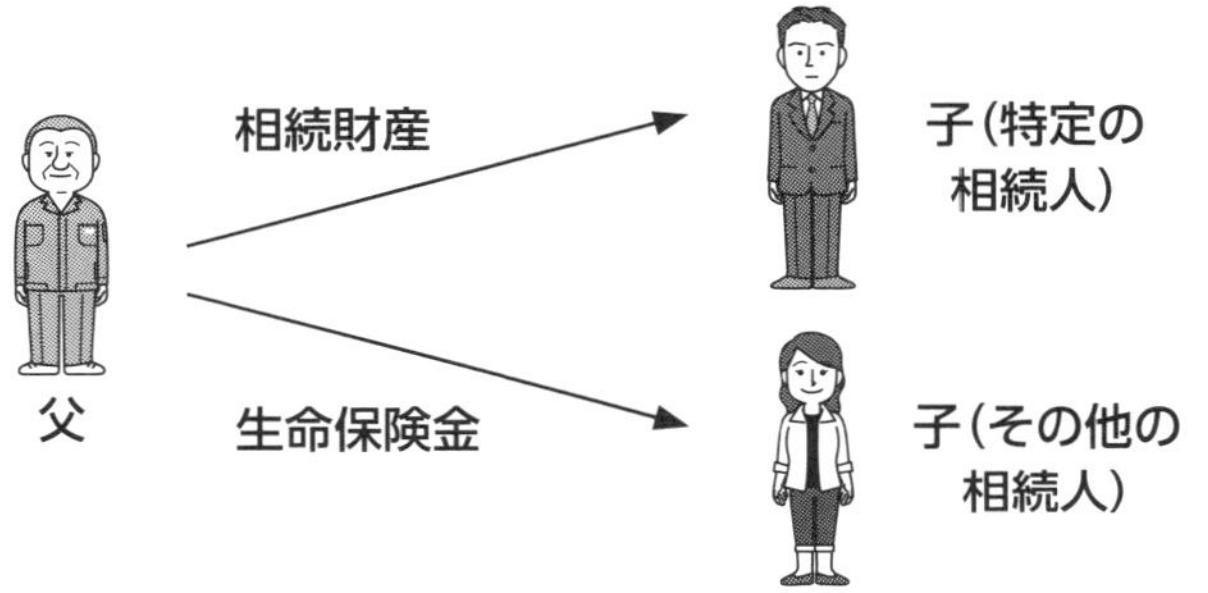

代償分割プラン

相続財産とともに生命保険金についても特定相続人(後継者など)が受け取り、その生命保険金のなかからその他の相続人に対して、代償分割財産として現金で分割する方法。

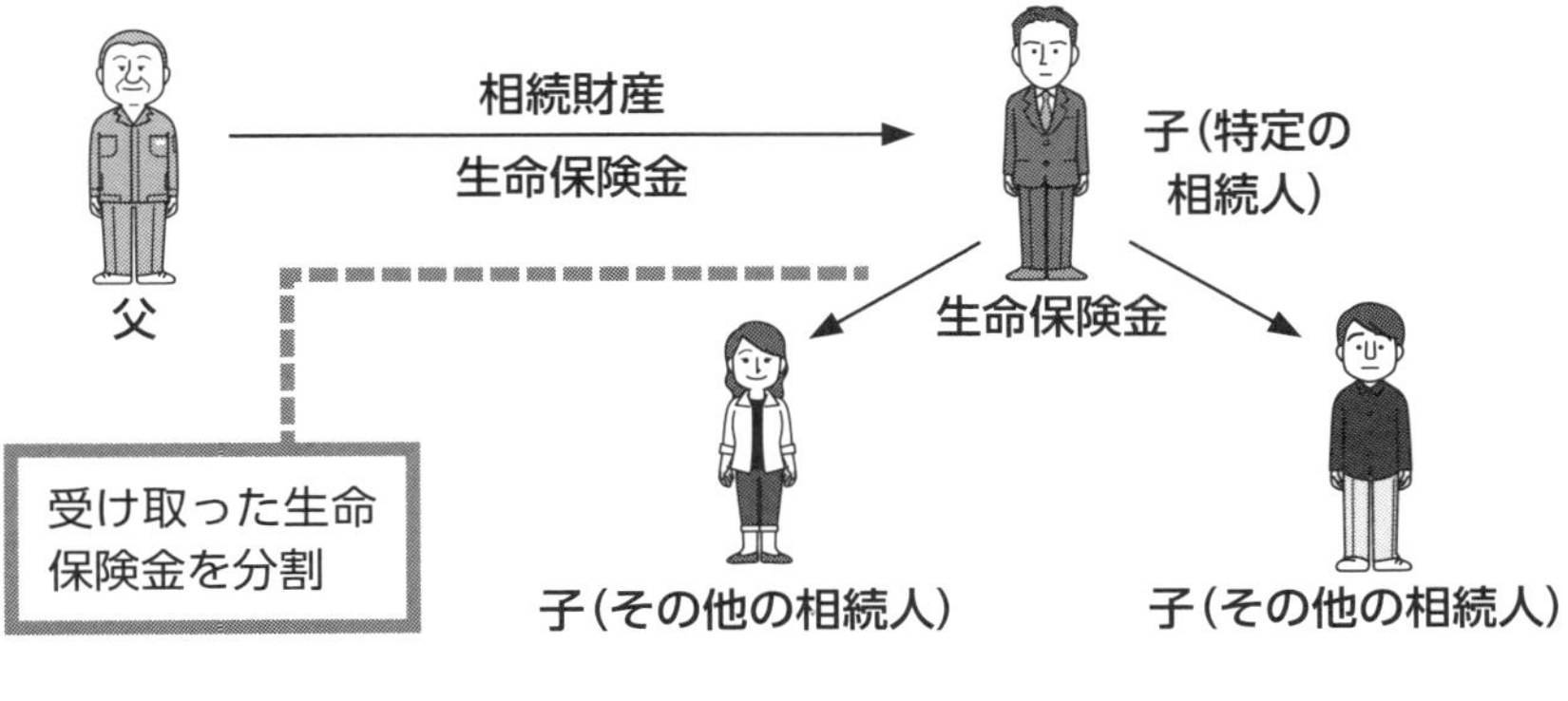

ココがポイント!

●分割のむずかしい資産を所有している場合や、後継者に事業用財産を引き継がせたい場合などには、生命保険を利用した遺産分割対策が有効である。

生命保険金には非課税枠がある！

生命保険をどのように活用するのか？②

生命保険は、納税資金対策、税負担軽減対策としても活用できる。

生命保険・死亡退職金の活用

引き続いて生命保険の活用について見ていきましょう。一般的に、相続税の納税資金を事前に準備しておくことはむずかしいものです。そこで、生命保険を活用して納税資金を準備する対策や、税負担軽減対策、さらに受取人が指定されている場合、相続財産にならないことも活用できます。

また、生命保険と同様に非課税枠のある死亡退職金の活用も考えられます（次ページ参照）。

生命保険を活用した納税資金対策

非課税金額プラン
生命保険金の非課税枠は「500万円×法定相続人の数」（P63参照）であり、この非課税金額を納税資金に充当する方法。

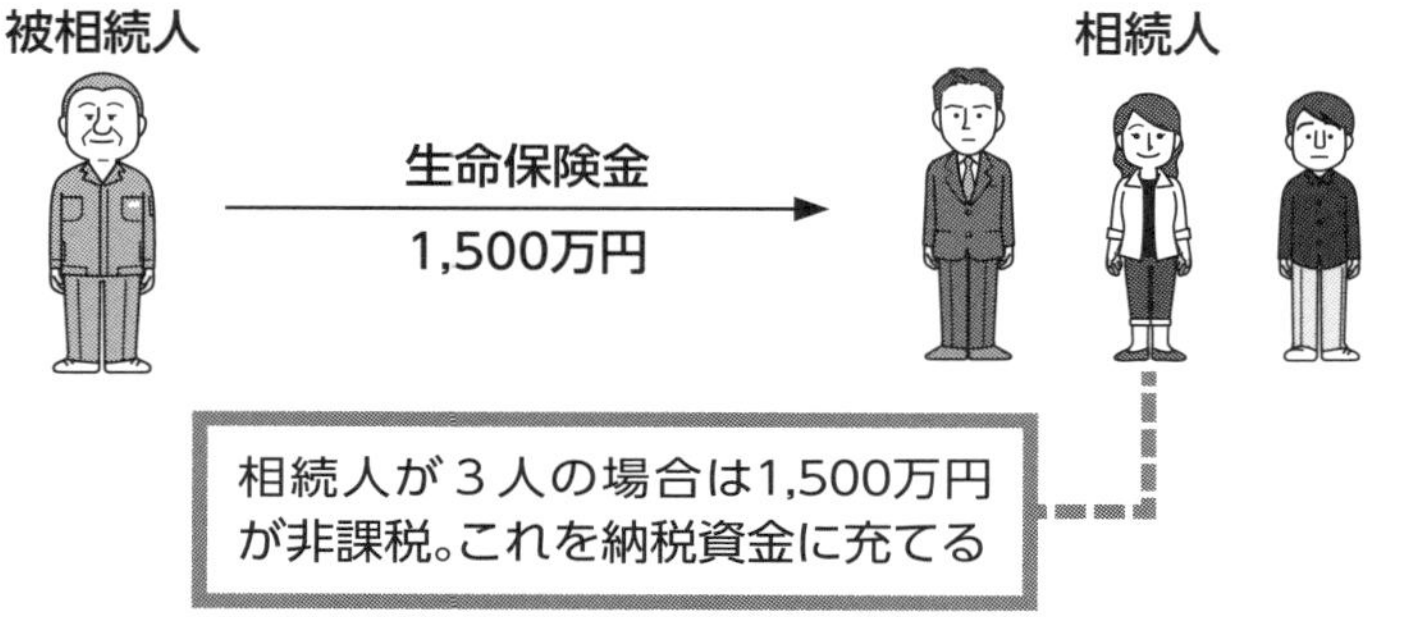

被相続人
相続人
生命保険金
1,500万円
相続人が３人の場合は1,500万円が非課税。これを納税資金に充てる

所得税課税型プラン
相続人が契約者・受取人で、被相続人が被保険者となっている生命保険契約の保険金を相続人が受け取った場合、保険金は相続人の一時所得として所得税・住民税が課税される。相続人は受け取った生命保険金から所得税・住民税を控除した残額で相続税を納付することになる。ケースによっては、この所得税課税型を選択したほうが合計支払税額が有利となる場合がある。

生命保険を活用した対策

保険料贈与プラン
財産の移転による対策として、被相続人から相続人に現金を贈与し、その現金を所得税課税型の生命保険料に充当することにより、相続税の納税資金を準備する方法が考えられる。つまり、税負担軽減対策と納税資金対策を同時に行う方法である。

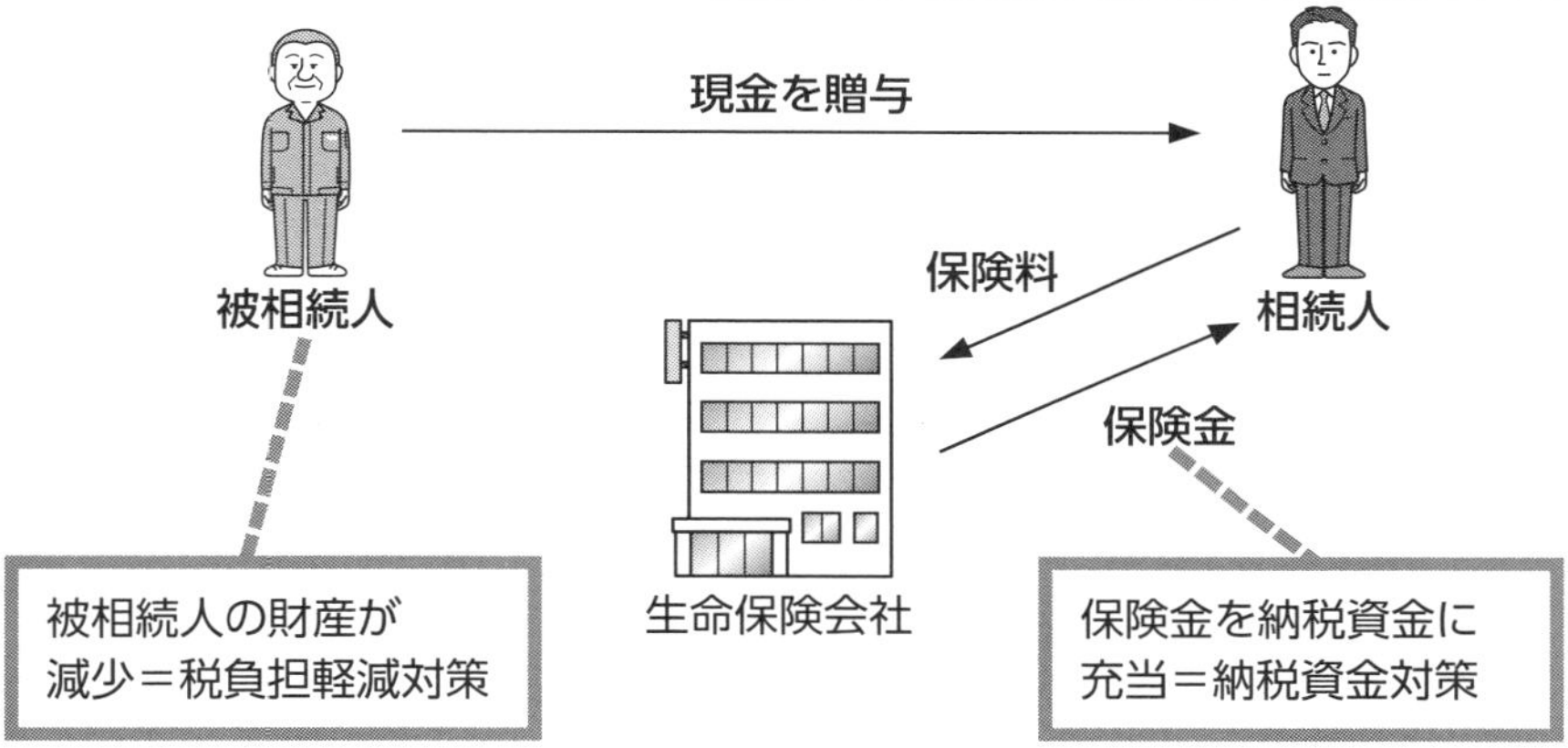
現金を贈与
被相続人
相続人
保険料
保険金
生命保険会社
被相続人の財産が
減少＝税負担軽減対策
保険金を納税資金に
充当＝納税資金対策

死亡退職金の活用

現経営者を被保険者にして会社が生命保険に加入し、それを原資に死亡退職金を支払うという形で、後継者である子のために現金を確保するという方法。死亡退職金にも生命保険金と同様「500万円×法定相続人の数」の非課税枠がある。死亡退職金の支払先は退職金規程などに従って会社が決めることができるので、後継者である子に限定することが可能。

ココがポイント！

- **生命保険金、死亡退職金の非課税枠（500万円×法定相続人の数）を活用する。**
- **現金を贈与し、それを生命保険料に充当する方法も考えられる。**

Column

アドバイザーの必要性

事業承継にはさまざまな手法があります。どの手法にもメリットやデメリットがあり、選択には税務や法務などの専門知識が必要です。オーナー経営者は事業を誰に引き継がせるのかに始まり、事業の継続性、税務、法務、人事など、さまざまな分野を勘案しながら多くの手法を取捨選択した上で、事業承継を完結させなければなりません。

さらに、これらの検討は本業である事業経営の傍らで行わねばならないため、事業承継を円滑に進めるためには、第三者であるアドバイザーの支援が不可欠です。

アドバイザー選定の基準は、事業承継に関して事業・税務・法務・人事等すべての分野に精通し、多面的に判断でき、ワンストップで対応できるかどうかです。

各分野の専門家でもよいのですが、各専門家から提案された最善策が、ほかの分野から見ると最善策とならない場合もありうるので、できるだけ複数の専門分野を持つアドバイザーを選択すべきでしょう。

事業承継はオーナー経営者やその後継者にとっては一生に一度のイベントですから、知識や経験がないのも無理はありません。積極的にアドバイザーを活用して早期に着手することが、事業承継を成功へと導く最大要因かもしれません。

事例

事業承継の成功と失敗ケース

失敗

事例・後継者不在で現場が混乱！

事業承継の成功と失敗ケース①

後継者を決定せずに社長が急逝したため、会社が混乱。

建設会社を経営するAさんは、体調不良で長期入院していました。社長不在の間は業務全般を把握していた専務が舵取りを代行していましたが、Aさんは64歳のときに体調が悪化して急逝してしまいました。Aさんは後継者を決定せずに死亡したため、社長夫人Bが「配偶者が後継者になったほうが、税負担が軽くなる」という観点だけで会社株式を承継し、新社長に就任しました。Bさんはそれまで会社経営にはまったく関与していませんでしたが、社長になったことで責任感が芽生え、積極的に会社運営に関わるようになりました。

ところがこれが、現場の混乱を招くこととなり、会社の意思決定は分裂。専務とBさんの折り合いも悪く、結果として業績悪化を招き、社長交代からわずか3年で会社は倒産してしまいました。

会社データ	●業種：建設業	●創業：1980年代
	●従業員数：30人	●売上高：10億円

失敗

事例・後継者の兄弟間で関係が悪化！

事業承継の成功と失敗ケース②

息子兄弟に均等に財産分与したため、会社も分裂。

20年前にサービス業の会社を創業し、一代で売上高100億円の会社に成長させたカリスマオーナーのCさん（60歳）の悩みは後継者問題でした。Cさんには息子が2人いて、それぞれが営業部と総務部の部長に就いていました。Cさんはどちらの息子にも全幅の信頼を寄せており、新社長を決めかねていたため、やむなく自社株式を50％ずつ承継させることにしました。

ところが、Cさんが65歳で亡くなった後に、2人の間で経営方針が対立。会社として過半数を持つ株主が不在となり、意思決定もできなくなったため、長男派と次男派で組織が分裂してしまいました。最終的には会社を分けざるを得なくなり、分裂後は同業他社として同一商圏を奪い合う形で互いに業績を悪化させてしまいました。

会社データ
- 業種：サービス業
- 創業：1990年代
- 従業員数：200人
- 売上高：約100億円

お前は何も分かっていないよ！
兄さんこそ会社を潰す気ですか？

成功

事例・相続時精算課税制度を活用

事業承継の成功と失敗ケース③

退職金の支払いで株価が下がったところで事業を息子に継承。

Dさん（64歳）は、妻と息子など従業員7人で設備機器リース会社を経営。営業部長の息子に事業承継を検討していましたが、業績好調で多額の相続税を支払うことが懸念されるため、コンサルティング会社に相談をしました。

相談の結果、Dさんは65歳になったタイミングで、会社退職を決意。退職時に経営の引き継ぎと自社株の引き継ぎを併せて行うことにしました。そして、Dさんは1年かけて息子に〝社長業〟を教育。息子は、Dさんが65歳を迎えた際に社長に就任しました。

会社はDさんに退職金を支給。Dさんは相続時精算課税制度を活用して、自分が保有していた自社株式をすべて息子に贈与して会社を退職。同制度を活用することで、この先、株価が上がっても、相続発生時の自社株式の相続税評価額は贈与時のままに。相続時精算課税制度を使うことで自社株式の評価額を確定し、評価額の大きな資産でも後継者への負担を軽減させることができました。

業績好調はいいけど…相続税がなあ…
退職時期に自社株を承継することで名実ともに事業を承継することが可能です

生前退職金と相続時精算課税制度を活用

会社データ
●業種：設備機器リース業　●創業：1970年代
●従業員数：7人　●売上高：5億円　●事業承継の期間：1年

経営者の年齢	事業承継の流れ
64歳	事業好調で利益が積み上がり、株価も上昇 **心配** 相続時に、息子への負担が重くなるのでは？ **対策1** コンサルティング会社に相談 ↓ **方針** 社長は65歳で退職。生前退職金を支給して息子に事業承継を行う **対策2** 息子に社長業を教育 社長に退職金を支給、その後社長は退職金を受け取り引退
65歳	息子が社長に就任 **対策3** 相続時精算課税制度を活用して、息子に自社株式を贈与 **結果** 今後、株価が上昇しても相続時の評価額は贈与時の価格のまま

社長の退職時に自社株式の評価額を確定させることで、次世代の経営努力で株価が上がったとしても、後継者への負担を軽減させることができます。

ココがポイント！

●生前退職金の支給で株価が低くなる場合がある。
●相続時精算課税制度を活用して、息子に自社株式を贈与。

成功

事業承継の成功と失敗ケース④

持株会社を活用して、自社株式の移転および集約を行う。

機器メーカーＥ社を経営するＥさん（64歳）は、60歳を過ぎたころから事業承継について考え始めました。後継者については、息子で検討しています。また、Ｅさんの２人の弟も株式を保有していたので、事業承継を機に買い取ることにしました。

Ｅ社は事業好調のため、相続時および株式の買い取り時に後継者である息子への負担が重くなると考えたＥさんは、コンサルティング会社に相談。会社は実質、無借金で財政基盤も安定していたことから、後継者が持株会社Ｆ社を設立してＥ社の発行済株式を１００％買い取ることにしました。具体的には、Ｆ社は買取資金１億６千万円を金融機関から調達し、ＥさんおよびＥさんの２人の弟に支払いました。

以降、Ｆ社はＥ社から毎年受け取る配当金と事業収益を原資に、金融機関に借入金を返済。その結果、個人で多額の借入をせずに、自社株式の移転を行いました。

持株会社を設立して株式移転するという方法もあります
なるほど

事業承継および株式集約における持株会社の活用

会社データ

- 業種：製造業
- 創業：1980年代
- 従業員数：50人
- 売上高：2億円
- 事業承継の期間：1年（人的承継は継続中）

経営者の年齢	事業承継の流れ
64歳	E社は事業好調で利益が積み上がり、株価も上昇 **心配** ●相続時に、息子への負担が重くなるのでは？ ●2人の弟が保有している株式の買取価格が高くなるのでは？ **対策 1** コンサルティング会社に相談 ↓ **方針** 後継者が持株会社F社を設立し、E社の発行済株式を100％買い取る（※）ことで、後継者への資金負担を軽減して自社株式の移転を行う F社は100％子会社のE社から毎年配当金を受け取ったり事業を行ったりする F社はその配当金や利益を原資に、金融機関からの借入金を返済していく **結果** 後継者は個人で多額の借金をして買収資金を用意せずに、自社株式を移転させることができた

※買取価格については、税理士などの専門家に相談したほうがよい

ココがポイント！

- 後継者が持株会社を新設して、株式を100％買い取る。
- 資金負担を後継者でなく、持株会社主体にすることができる。

事業承継の成功と失敗ケース⑤

後継者不在のため持株会社を作って役員が承継。

自社を一代で従業員１００人超の、全国に営業店舗を展開する製造メーカーに育てたＧさん。64歳のときに業績が右肩上がりのため、「後継者が相続する際に負担が重くなる」と考え、事業承継に着手しました。Ｇさんには子どもがいなかったため、社内の中から後継者を選ぶことにしました。コンサルティング会社は、Ｍ＆ＡかＭＢＯ（経営陣による買収）のいずれかにすることを勧めましたが、Ｇさんは企業文化や事業の方向性を重んじてＭＢＯを選択。３年間はＧさんが経営権を握りつつ、８人いる役員に経営を任せ、それぞれの能力や適性を見極めることにしました。

株式承継では、まず役員８人が持株会社を設立。その持株会社が金融機関から資金調達し、Ｇさんが保有する自社株式を持株会社に売却することで、対価を手に入れました。あわせて、Ｇさんは議決権が１００倍となる属人的株式を当面保有することで、経営が暴走しないようなしくみを構築しました。

これにより、Ｇさんが社長でいる間は引き続き経営権を握り、持株会社を設立することで株式買い取りの資金を調達しやすくなりました。結果として、６カ月で株式の承継を完了させました。

※属人的株式…特定の株式に対して持株数に関係なく、余剰金に配当や議決権を定めることができる、株主ごとに取り扱いが異なる株式のこと。

持株会社を利用し、6カ月で株式承継を完了

会社データ
- 業種：製造業
- 創業1985年
- 従業員数：約120人
- 売上高：80億円
- 事業承継の期間：6カ月（人的承継は継続中）

経営者の年齢	事業承継の流れ
64歳	**心配** 後継者不在。子どもがいないので、事業を理解して会社を存続させてくれる人に任せたい **心配** 株価が高くなると後継者の負担が重くなってしまう **対策 1** コンサルティング会社に相談 ↓ **方針** MBOにより3年間は自分が経営権を握り、3年の間に後継者を指名することに **対策 2** 役員8人が出資して持株会社を設立…持株会社に株式を売却。Gさんは売却対価を受け取る **対策 3** 属人的株式発行で3年間はGさんが経営への影響力を残す **結果** 持株会社が株式を取得することで、わずか6カ月で株式承継を完了。今後は3年間かけて後継者選びを進める

ココがポイント!

- 役員が持株会社を設立することで株式買い取りの資金を調達しやすくなった。
- 属人的株式を利用することでGさんが社長でいる間は経営権を握ることができる。

成功

事例・従業員持株会を活用する

事業承継の成功と失敗ケース⑥

従業員持株会によって安定株主化を進める。

自分一人でH社を立ち上げ、順調に成長させ、中堅規模の製造メーカーに育て上げてきたHさん（65歳）。50歳を過ぎたころから、後継者のことを考え始め、検討の末、息子を後継者にすることを決めました。

後継者である息子は、営業部長として会社の業務に取り組んでいます。後継者は確定しているものの、後継者は自社の株式（会社の支配権と財産権）を保有していません。加えて、多数の従業員が株式を保有しており、将来の分散（買取請求）リスクがあります。

そこで、Hさんはコンサルティング会社に相談しました。後継者への株式承継については、株価を踏まえ、順次実行していくことになりました。一方、従業員保有株式も社長の代での安定株主化の対策をしたほうがよいというアドバイスがありました。そして検討の結果、従業員持株会を活用したプランを立案し、それを実行することによって安定株主化を進めました。

後継者に株式をどう承継させるかも問題だが、従業員株主をどうするかも悩ましい
従業員持株会を導入するという方法があります

従業員持株会を活用した承継プラン

会社データ

- 業種：製造業　● 創業：1985年
- 従業員：約60人　● 事業承継の期間：１年

取組み事項

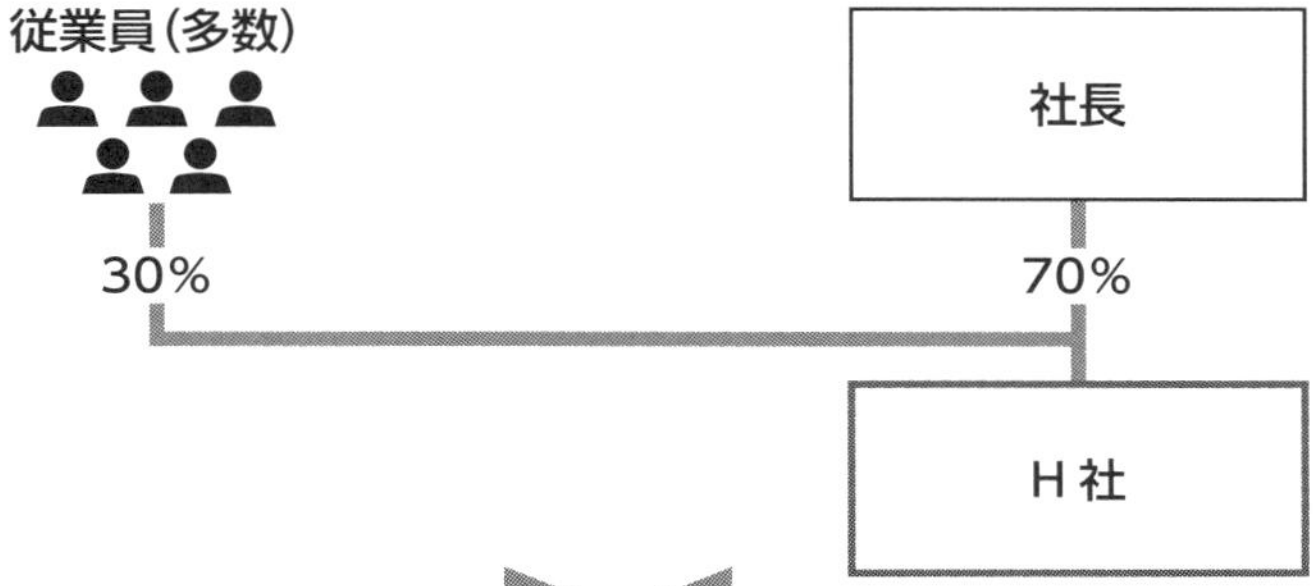
従業員（多数）
社長
30%
70%
H 社

取組み実行後

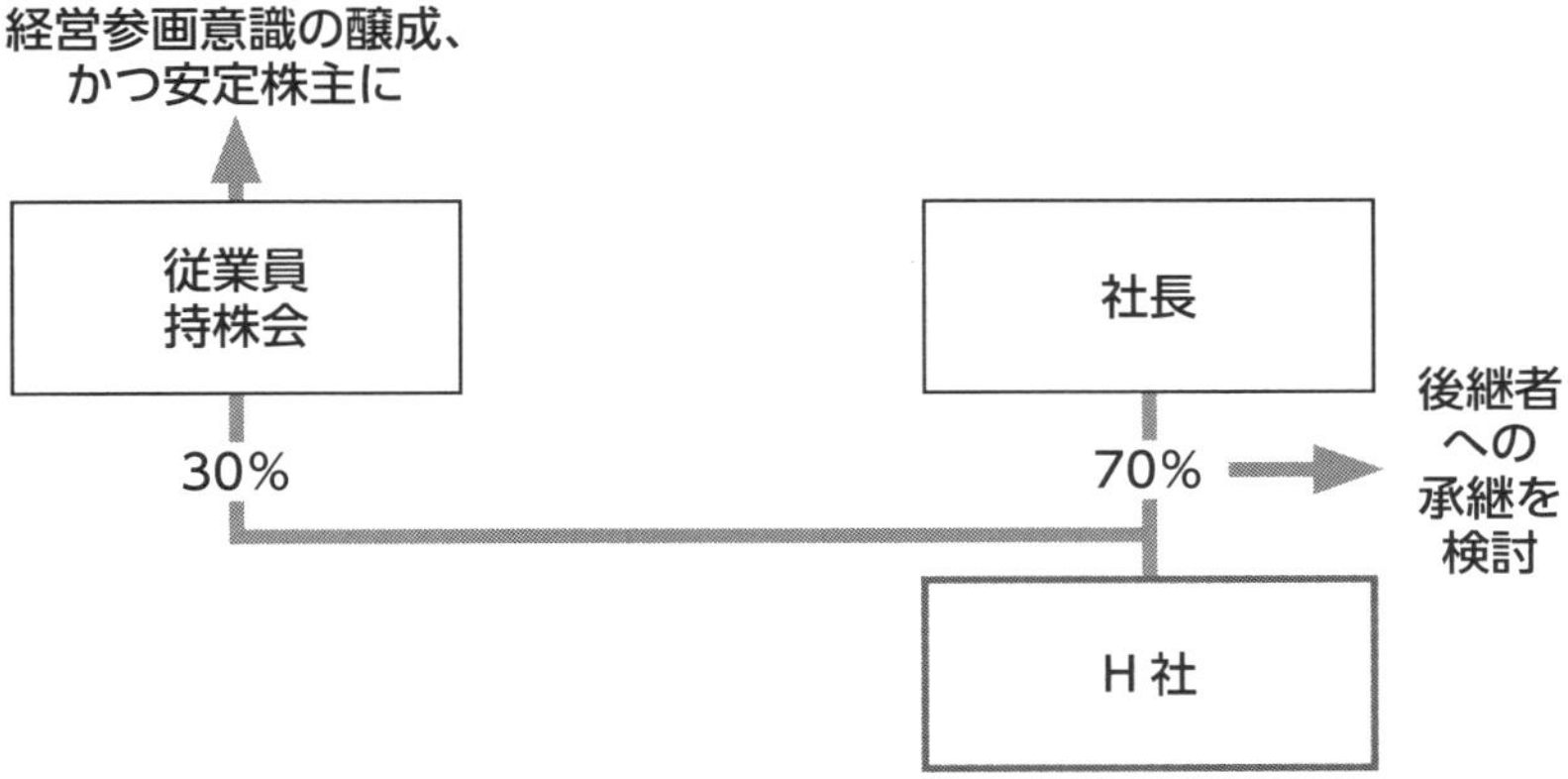
経営参画意識の醸成、
かつ安定株主に
従業員
持株会
社長
30%
70%
後継者
への
承継を
検討
H 社

ココがポイント！

- 自社株を従業員個人に渡すのではなく、従業員持株会で保有する形を取ることで、従業員退職時の株式分散リスクを解消し、かつ持株会規約により安定した価格で取引が行われるようにする。
- 後継者が自社株を100％承継する場合と比較して、負担の総量が軽減される（安定した議決権は確保）。

成功

事例・後継者不在のためM&Aを決断

事業承継の成功と失敗ケース⑦

子どもは継ぐ意思がなく、MBOも困難という状況で、M&Aを選択して幸せなリタイアを実現。

板金加工業を営むＩ社の社長Ｉさん（60歳）は、先代から会社を引き継いで20年以上にわたって会社を経営してきました。以前から60歳の節目で会社から退きたいという意向を持っており、後継者について思案していました。Ｉさんには娘が２人いましたが、息子がおらず、かつ職人肌の強い会社であったため、娘たちは会社を継ぐ意思が全くありませんでした。

そこで、後継者は会社の番頭である専務を想定し、３年前から経営者教育を進めていました。しかし、ＭＢＯ（経営陣による買収）の場合、後継者である専務の負担が重く、また、ＭＢＯする場合の債務保証について専務の覚悟が決まらず、後継者選びは暗礁に乗り上げていました。

後継者選びに悩むＩさんはコンサルティング会社に相談し、他の可能性を含め十分にシミュレーションを行った結果、ＩさんはＭ＆Ａを決断しました。売却代金を手にできたＩさんは、引き継ぎ業務を終えて趣味を満喫しています。

娘たちはそもそも継ぐ気もないし…専務が厳しいとなるとウチの会社は…
M&Aという選択肢もありますから大丈夫ですよ

後継者不在でM&Aを選択

- 後継者が不在（後継ぎとなる子がいない）、ＭＢＯも断念し、Ｍ＆Ａを選択。
- Ｍ＆Ａによる売却金額が、ＭＢＯで得られる金額の約３倍となる。

会社データ

- 業種：板金加工業
- 創業：1940年代
- 従業員：約40人
- 事業承継の期間：1年

I社の事業承継・M&A

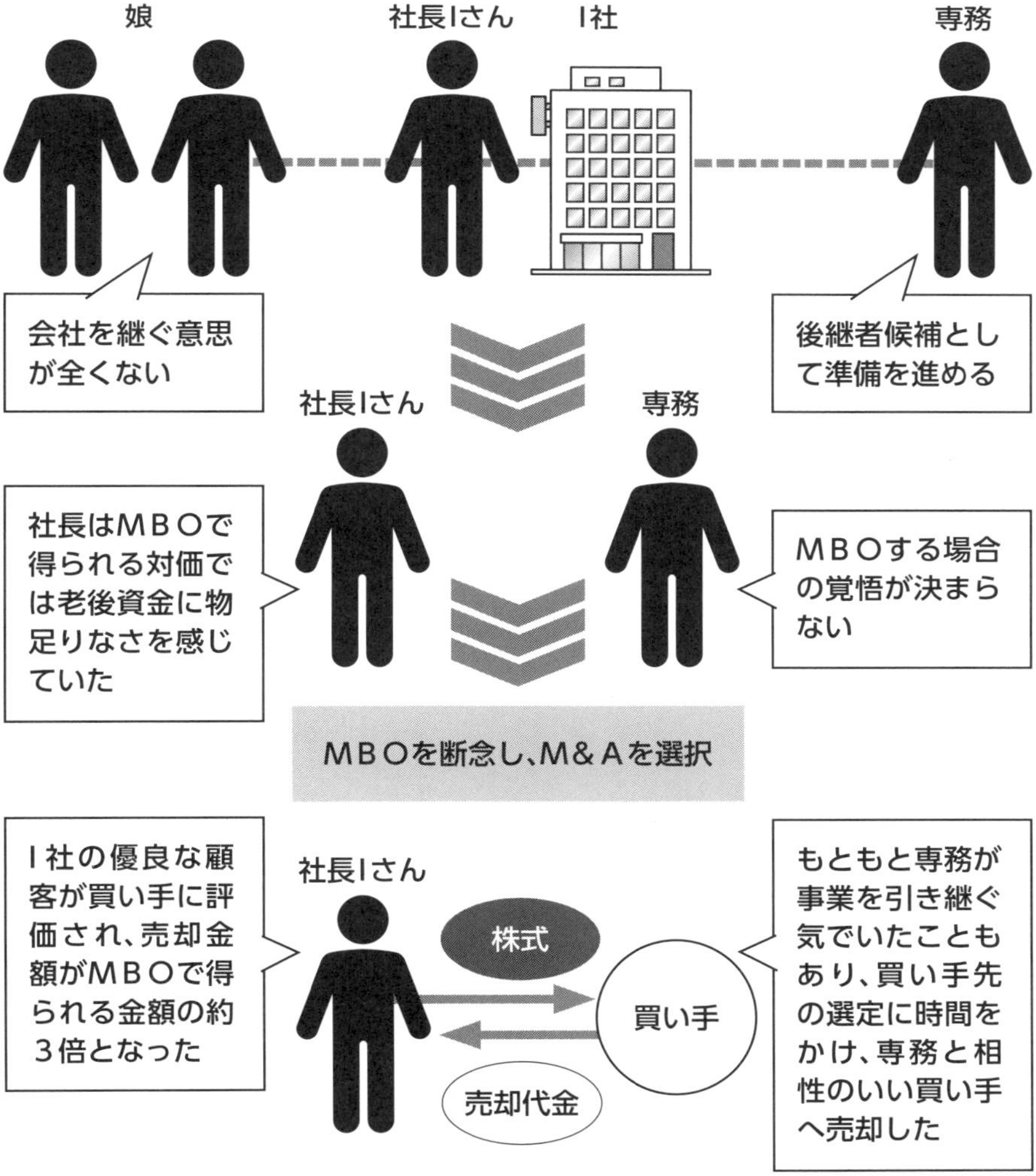

娘
社長Iさん
I社
専務
会社を継ぐ意思が全くない
後継者候補として準備を進める
社長Iさん
専務
社長はＭＢＯで得られる対価では老後資金に物足りなさを感じていた
ＭＢＯする場合の覚悟が決まらない
ＭＢＯを断念し、Ｍ＆Ａを選択
I社の優良な顧客が買い手に評価され、売却金額がＭＢＯで得られる金額の約３倍となった
社長Iさん
株式
買い手
売却代金
もともと専務が事業を引き継ぐ気でいたこともあり、買い手先の選定に時間をかけ、専務と相性のいい買い手へ売却した

成功

事業承継の成功と失敗ケース⑧

後継者が専門性を発揮できる事業に特化させ、専門外の事業会社を売却して事業承継に成功。

運送業を営むＳ社とホテル業を営むＴ社の経営者Ｊさん（65歳）は、息子を両社の専務に据え、後継者教育を行ってきましたが、突然、息子が「自分には運送業の経営者は務まらない。自信がないので辞める」と言い出しました。慌てたＪさんは、自分の右腕でもあった営業本部長に、Ｓ社の次期社長就任を依頼しましたが、今度は営業本部長が就任を辞退。「このままでは廃業せざるを得なくなる。何とかしなくては」と考えたＪさんは、コンサルティング会社にＭ＆Ａの相談を持ちかけました。

コンサルティング会社は、同業者によるＭ＆Ａを提案しました。またＪさんの息子がホテル業の経営には意欲を示していることから、Ｓ社のみ第三者へ売却し、Ｔ社は残すことを進言しました。この提案をＪさんは快諾し、すぐに実行し、短期間でＳ社、Ｔ社ともに事業承継が完了しました。

事業承継はすべての事業を承継するかしないかではなく、後継者の意向や専門性に応じて、承継する事業としない事業を選択することでもあります。

息子はホテル業を継ぎたいと言っているんだが…運送業のほうはどうするか…
運送業の会社のみ売却するという方法があります事業の選択と集中です

1つの会社のみを売却する事業承継

- 運送業のS社とホテル業のT社のうち、S社のみを売却。
- ホテル業のT社は、経営者の息子が事業を承継。

会社データ
- 業種：運送業・ホテル業
- 創業：1970年代
- 従業員：約100人
- 事業承継の期間：1年

M&Aスキーム

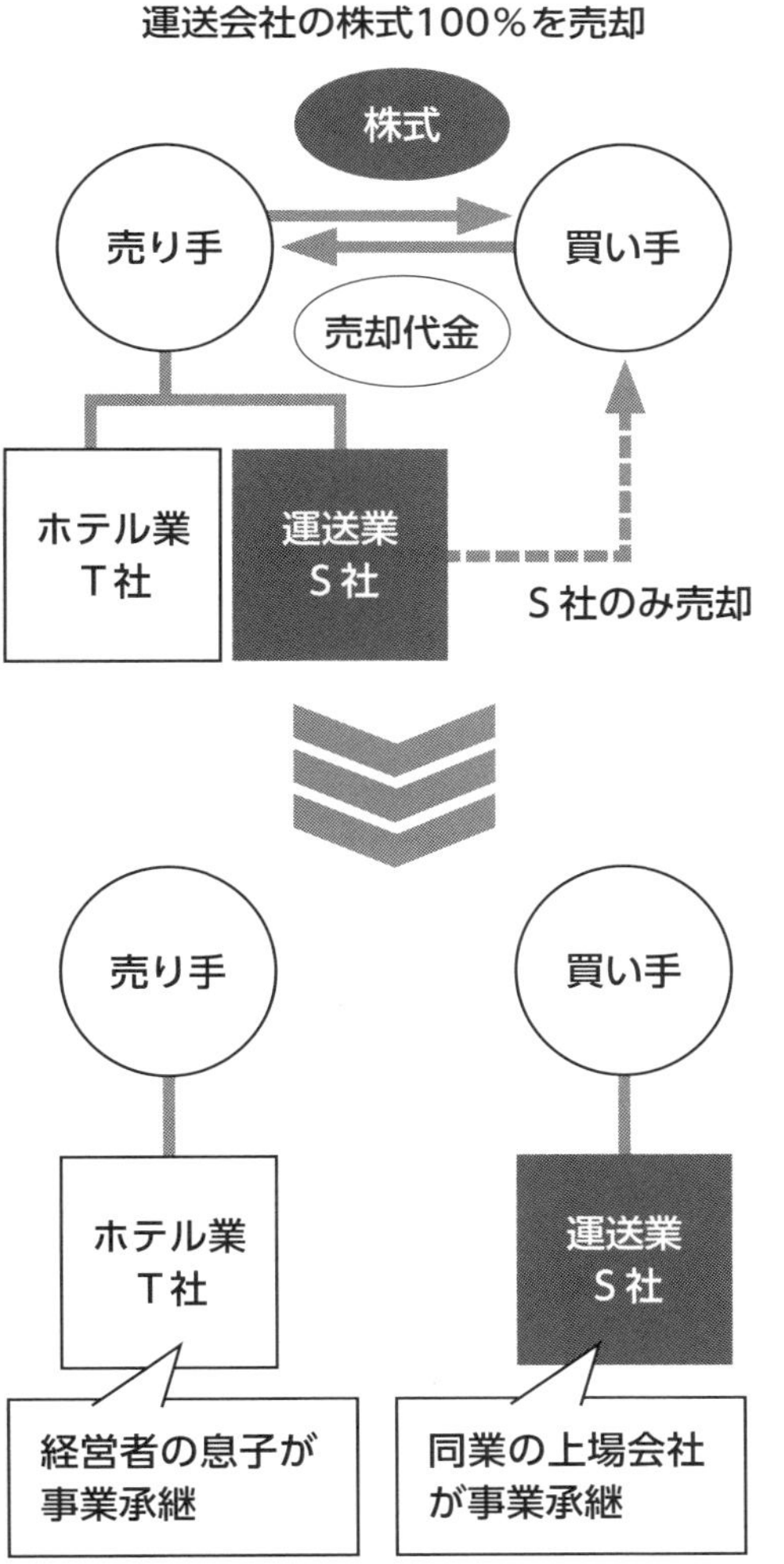
運送会社の株式100%を売却
株式
売り手
買い手
売却代金
ホテル業
T社
運送業
S社
S社のみ売却
売り手
買い手
ホテル業
T社
運送業
S社
経営者の息子が
事業承継
同業の上場会社
が事業承継

M&Aスケジュール

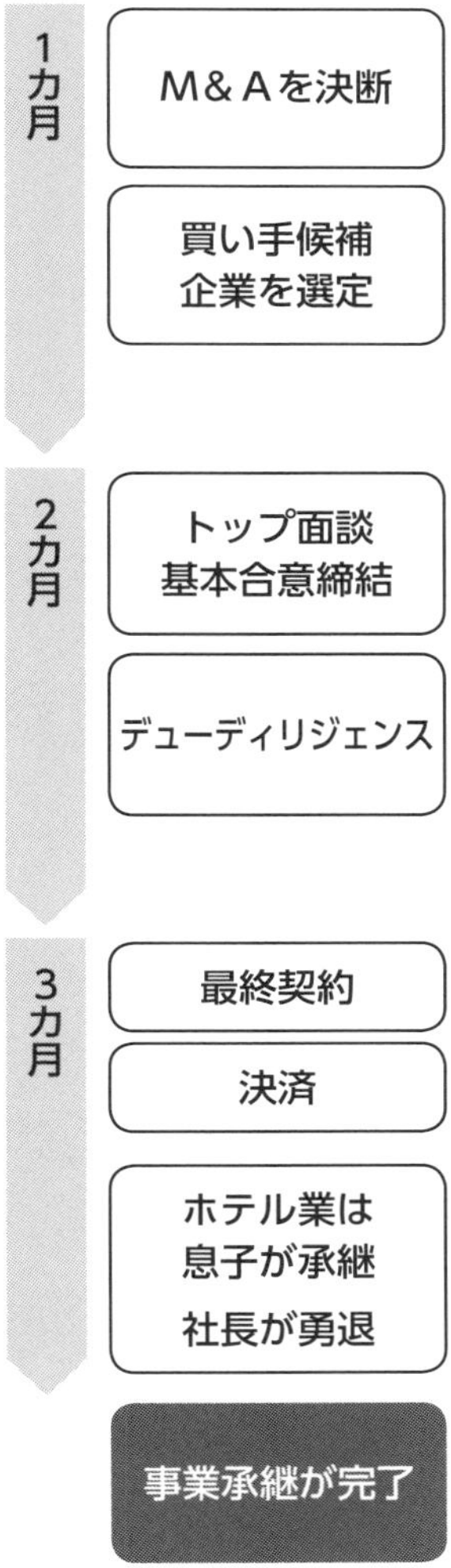
1カ月
M&Aを決断
買い手候補
企業を選定
2カ月
トップ面談
基本合意締結
デューディリジェンス
3カ月
最終契約
決済
ホテル業は
息子が承継
社長が勇退
事業承継が完了

成功

事業承継の成功と失敗ケース⑨

複数事業のうち業績が低迷するノンコア事業を売却し、堅調な本業のみを後継者に承継させる。

K社は、建設業を本業とし、生コンクリート製造業をノンコア事業（非中核事業）として営んでいます。本業の建設業は堅調な業績でしたが、生コンクリート製造業は長年業績が低迷しており、会社の足を引っ張る存在となっていました。

K社の社長のKさん（75歳）は、後継者は息子と考えており、息子のほうも本業は継ぎたいと考えて長年会社に在籍してきました。

ただし、Kさんは、息子が2つの事業を経営することに強い不安を感じており、会社の足を引っ張る事業は息子に承継させたくないので、本業のみを継がせる方法はないかと模索していました。

そこで、コンサルティング会社に相談したところ、本業の建設業と生コンクリート製造業はグループ会社としてシナジーを発揮できていないので、生コンクリート製造業を売却する方法を提案されました。Kさんは提案を受け入れ、時間はかかったものの、ノンコア事業の売却に成功しました。

ノンコア事業が足を引っ張る形なのでそっちは継がせたくないんだ
では　ノンコア事業の売却を検討しましょう

複数事業のうちノンコア事業を売却

- ノンコア事業を切り離し、本業のみを後継者に継がせる。
- 本業とノンコア事業は互いに事業として独立しており、ノンコア事業を売却しても本業への影響は限られている。

会社データ	●業種：建設業等　●創業：1970年代 ●従業員：約70人　●事業承継の期間：10年

K社の事業承継・M&A

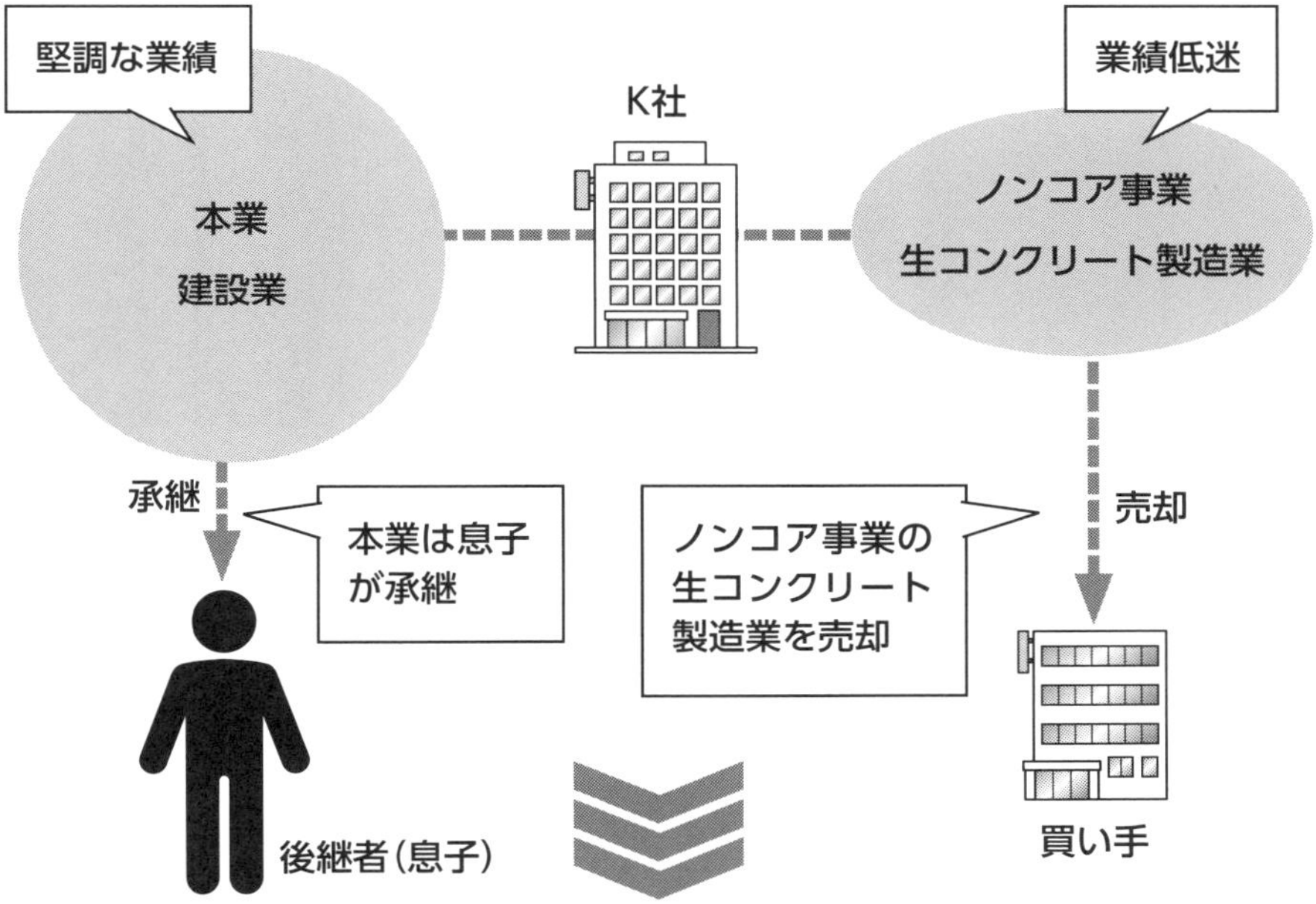

堅調な業績
本業
建設業
K社
業績低迷
ノンコア事業
生コンクリート製造業
承継
本業は息子が承継
後継者（息子）
ノンコア事業の生コンクリート製造業を売却
売却
買い手

業績が低迷する事業の売却ということで、打診を始めてから売却に至るまでに時間がかかったが、商圏の魅力を感じる買い手が現れたため売却することができた。

息子が会社を承継した後も、本業に専念できる環境が整っていたため、順調に業績を伸ばしている。

成功

事業承継の成功と失敗ケース⑩

後継者不在の本業を事業譲渡して不動産賃貸業に特化。

製造業を営む会社を経営していたLさんの息子は会社を引き継ぐ気がなく、後継者のメドが立っていませんでした。会社は父親から引き継いだものですが、特殊技術を持っているものの業績悪化が続いています。また、会社は副業として不動産賃貸業も経営しています。60歳になり引退を意識し始めたLさんは、このまま廃業した場合、従業員も路頭に迷うと考え、コンサルティング会社に相談しました。

本業の製造業は特殊技術を持っていたため、「同業他社から高く評価される可能性がある」と考えたコンサルティング会社は、本業を事業譲渡することで雇用と技術を守り、不動産賃貸業は残してLさんの生活費や債務残金の返済に充てるプランを提示しました。Lさんは同プランを承諾し、大手企業へ製造業部門を事業譲渡しました。その対価で負債の一部を返済し、倒産の危機を回避しました。その後、本業撤退で会社は財務が安定し、製造業部門は他社のもとで従業員の雇用も守ることができました。

後継者がいないと大変だなあ
継ぎ手のいない事業を譲渡してみては？

本業の製造業を売却し、倒産の危機を回避

会社データ

- 業種：本業は製造業、不動産賃貸業も経営
- 創業：1950年代
- 従業員数：約50人
- 売上高：約25億円
- 事業承継の期間：1年

経営者の年齢	事業承継の流れ
60歳	**心配** 本業（製造業）は業績悪化で後継者もおらず、廃業すると従業員の今後はどうなる？ **対策 1** コンサルティング会社に相談 ↓ **方針** 従業員の雇用を守るべく、本業の製造業を継続できる事業譲渡を行う **対策 2** 本業（製造業）の買い手探しを開始 **結果** 特殊技術が高く評価され、すぐに買い手企業が見つかり、譲渡対価が支払われる **対策 2** ・事業譲渡の対価で負債の一部を返却 ・金融機関からの借入金を不動産賃貸業の収入で長期返済 ・将来的に不動産賃貸業の承継準備を開始

ココがポイント！

- 事業譲渡によって赤字事業を資金化した上、倒産の危機も免れる。
- 本業の売却代金と不動産賃貸収入で金融機関からの借入金を返済。
- 特殊な技術と副業があったことで事業承継もスムーズに行われた。

成功

事業承継の成功と失敗ケース⑪

会社ではなく、事業のみを譲渡して、スムーズな廃業を実現。

機械卸売業を営むM社を経営するMさん（70歳）は、廃業することを検討しています。というのも、事業は継続的に赤字であり、適当な後継者もおらず、財務的な余力があって、きれいに廃業できるうちに、廃業したいと考えたからです。

ただし、廃業するといっても、手続きがあり、お金もかかります。従業員のことも気になります。

そこで、Mさんはコンサルティング会社に相談を持ちかけました。コンサルティング会社からは、M社の事業に価値を見出す買い手企業が存在するので、会社ごとではなく、事業譲渡により、事業（販路、仕入先、従業員）のみを買い手企業に承継する案を提示されました。Mさんは、この案を承諾し、案件をスタートさせます。譲渡対象が事業のみであるため、財務の調査等を簡略化し、スピード決着を実現することができました。こうして、Mさんは会社を円滑に清算することができたのです。

うちは赤字続きで…
廃業するのも
大変だな…
事業譲渡という
方法があります

廃業にともなうM&A（事業譲渡）

- 財務的な余力があるうちに廃業を決断し、事業譲渡により、資産ではなく、事業（販路、仕入先、従業員）のみを買い手企業に承継。

会社データ
- 業種：機械卸売業
- 創業：1980年代
- 従業員：約50人
- 事業承継の期間：1年

M&Aスキーム

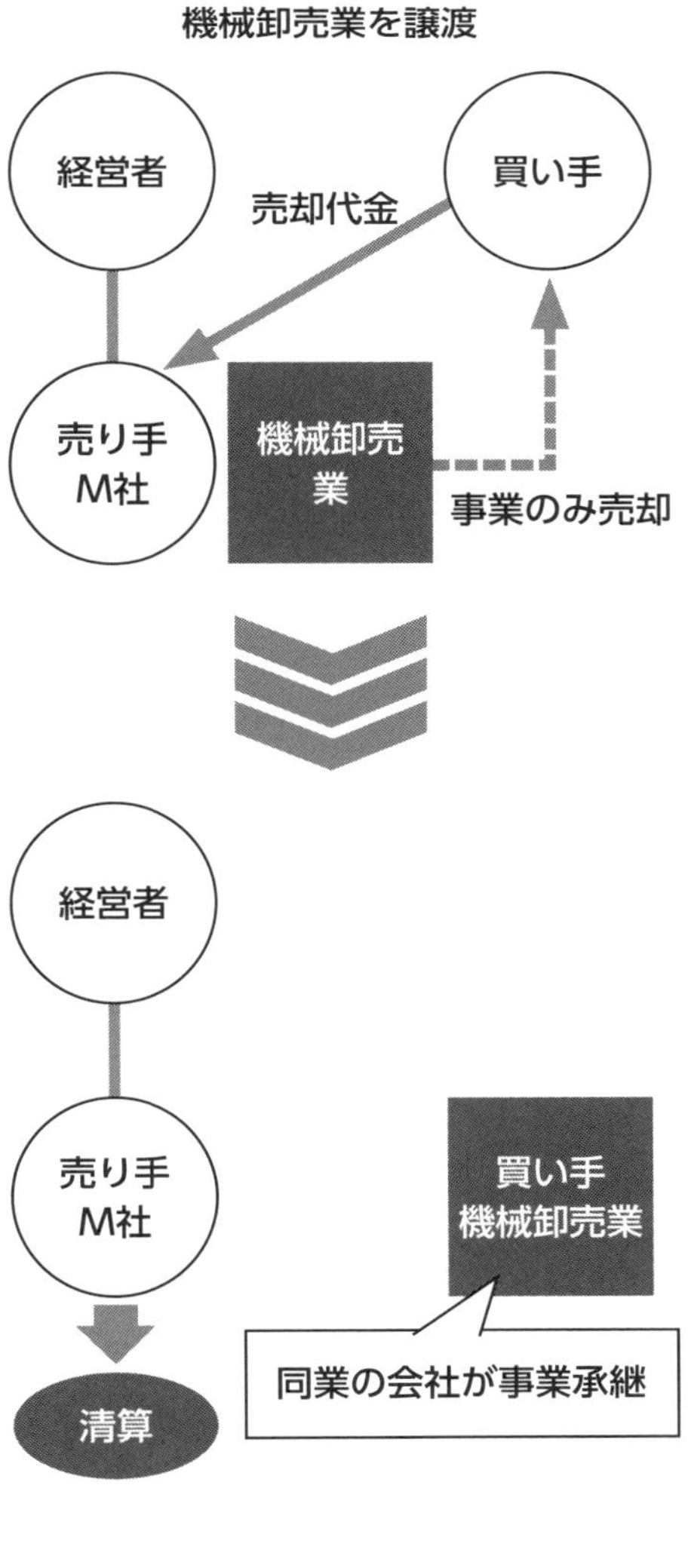

M&Aのメリット

売り手側のメリット
- 従業員の雇用の継続
- 譲渡対価の受領
- スムーズな廃業
（手残りの確保）

買い手側のメリット
- 新たな取引先の確保
- 当該地域における
シェアの拡大
- 納得感のある価格での買収

成功

事業承継の成功と失敗ケース⑫

医療法人の退職金による出資持分評価額の変動と、相続時精算課税による贈与の活用。

Nさん（78歳）が理事長を務める医療法人は、整形外科を中心とした50床の病院のほか、クリニックと介護施設を運営しています。

2人いる息子は医師となり、長男は病院の副院長、二男は介護施設の施設長を務めていますが、早くからクリニックを併設するなど、高齢者医療に強みを発揮し、業績は好調です。

理事長のNさんは78歳となり、後継者にある程度は任せられるようになったことと、体力の衰えを感じるようになったこともあり、引退と出資持分の移転について考え始めました。

そこで、コンサルティング会社に相談したところ、Nさんの退職にともなう退職金の支給により医療法人の出資持分の評価が低くなる可能性があるとのことで、相続時精算課税により持分の贈与というプランの提示を受けました。そして、このプランを実行に移すことによって、Nさんは安心して引退することが可能になったのです。

私も体力の衰えを感じるし運営は息子に任せたことだし…
引退プランを考えていきましょう

退職にともなう出資持分の承継と相続時精算課税の活用

- 現理事長に退職金を支給することによって出資持分の評価が変動する。
- 相続時精算課税を利用して、後継者に持分を贈与する。

会社データ
- 業種：病院等（医療法人）
- 創業：1980年代
- 従業員：約100人
- 事業承継の期間：6カ月

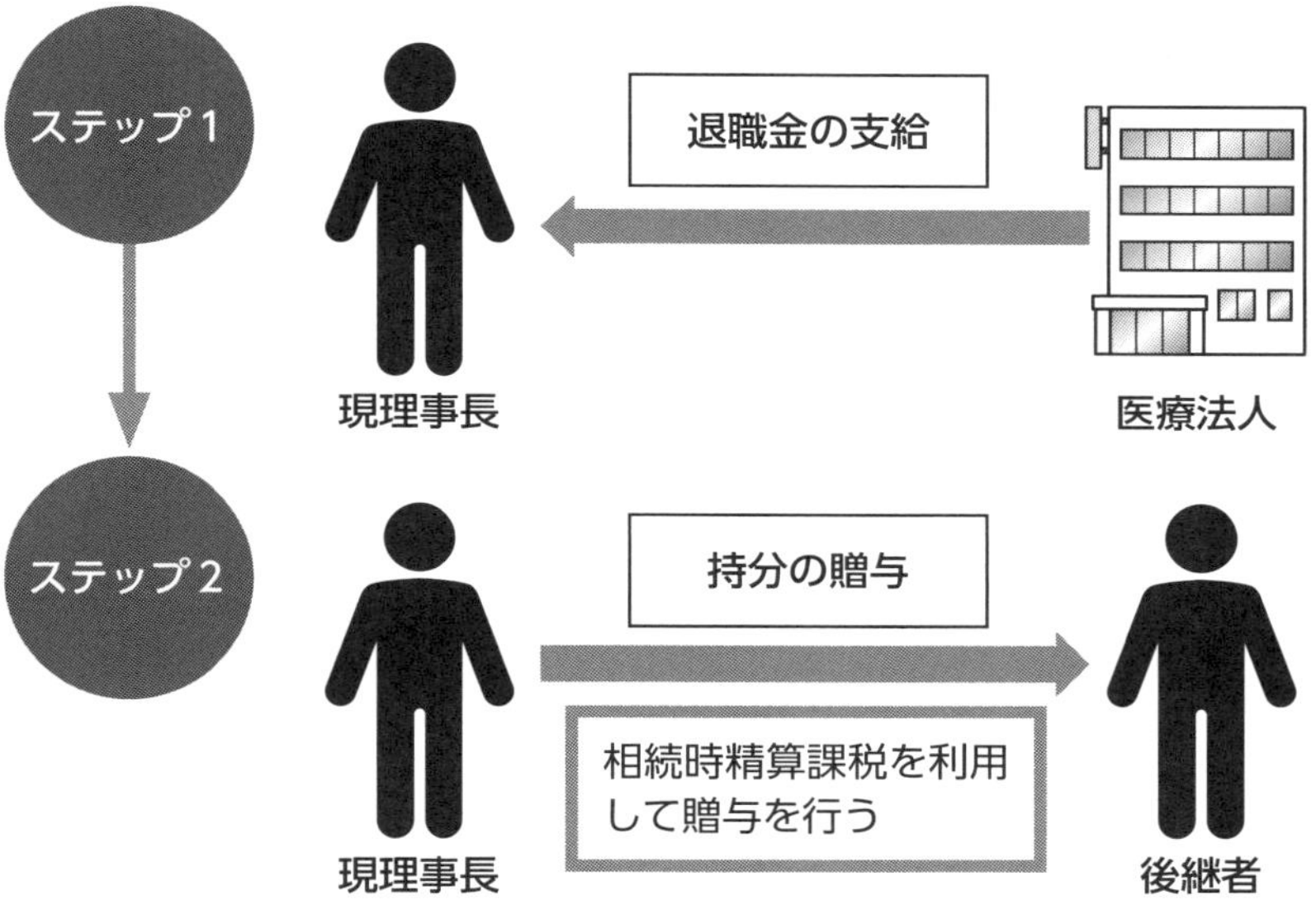
ステップ1
退職金の支給
現理事長
医療法人
ステップ2
持分の贈与
相続時精算課税を利用して贈与を行う
現理事長
後継者

＜医療法人の出資評価方法（類似業種比準価額）＞

退職金は評価に影響（医療法人の利益）

$$\text{上場会社の株価}\times\left[\frac{\dfrac{\text{医療法人の利益}}{\text{上場会社の利益}}+\dfrac{\text{医療法人の簿価純資産}}{\text{上場会社の簿価純資産}}}{2}\right]\times\text{斟酌率※}$$

※会社規模に応じて、0.5～0.7の斟酌率を乗じる

出資持分のある医療法人では、設立時などに出資をした人が、出資額に応じた財産権（出資持分）を持つことになる。この出資持分は、譲渡することができ、また贈与税・相続税の課税対象になる。医療法人は剰余金から配当ができないため、内部留保が積み上がることで、出資持分の評価が高額になることがある。その評価額は、現理事長退職にともなう退職金の支給により、低くなる可能性がある。

事業承継の相談先ガイド

事業承継に関する情報提供や問い合わせについては、
全国に相談窓口を設置しているので、
活用してみましょう。

中小企業・小規模事業者の後継者問題は…

事業引継ぎ支援センター　http://shoukei.smrj.go.jp/

後継者不在で事業承継が困難な中小企業者をサポートする機関で、全国各地に47カ所（2016年3月現在）あります。詳しくは中小企業基盤整備機構のサイトで確認してください。

相談窓口名	設置主体	電話番号
北海道事業引継ぎ支援センター	札幌商工会議所	011-222-3111
青森県事業引継ぎ支援センター	（公財）21あおもり産業総合支援センター	017-777-4066
岩手県事業引継ぎ支援センター	盛岡商工会議所	019-601-5079
宮城県事業引継ぎ支援センター	（公財）みやぎ産業振興機構	022-722-3884
秋田県事業引継ぎ支援センター	秋田商工会議所	018-883-3551
山形県事業引継ぎ支援センター	（公財）山形県企業振興公社	023-647-0664
福島県事業引継ぎ支援センター	（公財）福島県産業振興センター	024-954-4163
茨城県事業引継ぎ支援センター	水戸商工会議所	029-284-1601
栃木県事業引継ぎ支援センター	宇都宮商工会議所	028-612-4338
群馬県事業引継ぎ支援センター	（公財）群馬県産業支援機構	027-226-6115
埼玉県事業引継ぎ支援センター	さいたま商工会議所	048-711-6326
千葉県事業引継ぎ支援センター	千葉商工会議所	043-305-5272
東京都事業引継ぎ支援センター	東京商工会議所	03-3283-7555
神奈川県事業引継ぎ支援センター	（公財）神奈川産業振興センター	045-633-5061
新潟県事業引継ぎ支援センター	（公財）にいがた産業創造機構	025-246-0080
長野県事業引継ぎ支援センター	（公財）長野県中小企業振興センター	026-219-3825
山梨県事業引継ぎ支援センター	（公財）やまなし産業支援機構	055-243-1888
静岡県事業引継ぎ支援センター	静岡商工会議所	054-275-1881
愛知県事業引継ぎ支援センター	名古屋商工会議所	052-228-7117
岐阜県事業引継ぎ支援センター	岐阜商工会議所	058-214-2940
三重県事業引継ぎ支援センター	（公財）三重県産業支援センター	059-253-3154
富山県事業引継ぎ支援センター	（公財）富山県新世紀産業機構	076-444-5605
石川県事業引継ぎ支援センター	（公財）石川県産業創出支援機構	076-267-1244
福井県事業引継ぎ支援センター	福井商工会議所	0776-33-8283
滋賀県事業引継ぎ支援センター	大津商工会議所	077-511-1500
京都府事業引継ぎ支援センター	京都商工会議所	075-255-7101
奈良県事業引継ぎ支援センター	奈良商工会議所	0742-26-6222
大阪府事業引継ぎ支援センター	大阪商工会議所	06-6944-6257
兵庫県事業引継ぎ支援センター	神戸商工会議所	078-367-2010
和歌山県事業引継ぎ支援センター	和歌山商工会議所	073-422-1111
鳥取県事業引継ぎ支援センター	（公財）鳥取県産業振興機構	0857-20-0072
島根県事業引継ぎ支援センター	松江商工会議所	0852-33-7501
岡山県事業引継ぎ支援センター	（公財）岡山県産業振興財団	086-286-9708
広島県事業引継ぎ支援センター	広島商工会議所	082-555-9993
山口県事業引継ぎ支援センター	（公財）やまぐち産業振興財団	083-922-3700
徳島県事業引継ぎ支援センター	徳島商工会議所	088-679-1400
香川県事業引継ぎ支援センター	高松商工会議所	087-802-3033
愛媛県事業引継ぎ支援センター	松山商工会議所	089-948-8511
高知県事業引継ぎ支援センター	高知商工会議所	088-855-7748
福岡県事業引継ぎ支援センター	福岡商工会議所	092-441-6922
佐賀県事業引継ぎ支援センター	佐賀商工会議所	0952-20-0345
長崎県事業引継ぎ支援センター	長崎商工会議所	095-822-0111
熊本県事業引継ぎ支援センター	熊本商工会議所	096-311-5030
大分県事業引継ぎ支援センター	大分県商工会連合会	097-585-5010
宮崎県事業引継ぎ支援センター	宮崎商工会議所	0985-22-2161
鹿児島県事業引継ぎ支援センター	鹿児島商工会議所	099-225-9533
沖縄県事業引継ぎ支援センター	那覇商工会議所	098-941-1690

中小企業・小規模事業者のための経営相談所

よろず支援拠点　http://www.smrj.go.jp/yorozu/

国が全国に設置する経営相談所。中小企業・小規模事業者の売り上げ拡大や経営改善、事業承継を含む経営上のあらゆる相談に対して、適切なサポートを行っています。詳しくは、サイトで確認してください。

拠点名	電話番号
北海道よろず支援拠点	011-232-2407
青森県よろず支援拠点	017-721-3787
岩手県よろず支援拠点	019-631-3826
宮城県よろず支援拠点	022-393-8044
秋田県よろず支援拠点	018-860-5605
山形県よろず支援拠点	023-647-0708
福島県よろず支援拠点	024-954-4161
茨城県よろず支援拠点	029-224-5339
栃木県よろず支援拠点	028-670-2618
群馬県よろず支援拠点	027-255-6631
埼玉県よろず支援拠点	0120-973-248
千葉県よろず支援拠点	043-299-2921
東京都よろず支援拠点	03-6205-4728
神奈川県よろず支援拠点	045-633-5071
新潟県よろず支援拠点	025-246-0058
山梨県よろず支援拠点	055-243-0650
長野県よろず支援拠点	026-227-5875
静岡県よろず支援拠点	054-253-5117
愛知県よろず支援拠点	052-715-3188
岐阜県よろず支援拠点	058-277-1088
三重県よろず支援拠点	059-228-3326
富山県よろず支援拠点	076-444-5605
石川県よろず支援拠点	076-267-6711
福井県よろず支援拠点	0776-67-7402

拠点名	電話番号
滋賀県よろず支援拠点	077-511-1425
京都府よろず支援拠点	075-315-8660
大阪府よろず支援拠点	06-6947-4375
兵庫県よろず支援拠点	078-291-8518
奈良県よろず支援拠点	0742-81-3840
和歌山県よろず支援拠点	073-433-3100
鳥取県よろず支援拠点	0857-30-5780
島根県よろず支援拠点	0852-60-5103
岡山県よろず支援拠点	086-286-9667
広島県よろず支援拠点	082-240-7706
山口県よろず支援拠点	083-922-3700
徳島県よろず支援拠点	088-654-0103
香川県よろず支援拠点	087-868-6090
愛媛県よろず支援拠点	089-960-1131
高知県よろず支援拠点	088-846-0175
福岡県よろず支援拠点	092-622-7809
佐賀県よろず支援拠点	0952-34-4433
長崎県よろず支援拠点	095-828-1462
熊本県よろず支援拠点	096-286-3355
大分県よろず支援拠点	097-537-2837
宮崎県よろず支援拠点	0985-74-0786
鹿児島県よろず支援拠点	099-219-3740
沖縄県よろず支援拠点	098-851-8460

国の総合的支援機関

中小企業基盤整備機構　http://www.smrj.go.jp/

中小企業の創業や経営、事業拡大、事業承継など、各種支援を行う機関。事業承継関連では、フォーラムやセミナーの開催、窓口や電話での無料相談を行っています。詳しくは、サイトで確認してください。

全国の事業承継に関する問い合わせ先

中小機構北海道本部経営支援課	札幌市中央区北2条西1-1-7　ORE札幌ビル6階	電話：011-210-7471
中小機構東北本部経営支援課	仙台市青葉区一番町4-6-1　仙台第一生命タワービル6階	電話：022-716-1751
中小機構関東本部経営支援課	東京都港区虎ノ門3-5-1　虎ノ門37森ビル3階	電話：03-5470-1637
中小機構中部本部経営支援課	名古屋市中区錦2-2-13　名古屋センタービル4階	電話：052-220-0516
中小機構北陸本部経営支援課	金沢市広岡3-1-1　金沢パークビル10階	電話：076-223-5546
中小機構近畿本部経営支援課	大阪市中央区安土町2-3-13　大阪国際ビルディング27階	電話：06-6264-8613
中小機構中国本部経営支援課	広島市中区八丁堀5-7　広島KSビル3階	電話：082-502-6555
中小機構四国本部経営支援課	高松市サンポート2-1　高松シンボルタワータワー棟7階	電話：087-811-1752
中小機構九州本部経営支援課	福岡市博多区祇園町4-2 サムティ博多祇園BLDG.	電話：092-263-0300
南九州事務所	鹿児島市東千石町1-38　商工会議所ビル6階	電話：099-219-7882
沖縄事務所	那覇市字小禄1831-1　沖縄産業支援センター313-1	電話：098-859-7566

●参考文献

『知識ゼロからの会社の継ぎ方・事業承継入門』真部敏巳・河合保弘　（幻冬舎）
『事業承継の教科書』TOMAコンサルタンツグループ　（PHP研究所）
『日経MOOK　よくわかる事業承継＆経営者の相続』　山田ビジネスコンサルティング監修　（日本経済新聞出版社）
『日経MOOK　よくわかる中堅中小企業のM＆A活用法』　山田ビジネスコンサルティング監修　（日本経済新聞出版社）
「事業承継ガイドライン」　（中小企業庁）
「平成27年度版　中小企業経営者のための事業承継対策」　（独立行政法人　中小企業基盤整備機構）

山田ビジネスコンサルティング株式会社

経営コンサルティング会社として2000年に創業。事業承継・M&A支援のほかにも、持続的成長支援・事業再生支援・海外事業支援・人事コンサルティングなどを手がけ、中堅中小企業のあらゆる経営課題に対するソリューションの提供を行う。

装幀　石川直美（カメガイ デザイン オフィス）
本文漫画　青木宣人
本文イラスト　宮下やすこ
本文デザイン　有限会社エルグ
執筆協力　前田信弘
編集協力　有限会社ヴュー企画
編集　鈴木恵美（幻冬舎）

知識ゼロからの事業承継&相続税のしくみ

2017年9月20日　第1刷発行

著　者　山田ビジネスコンサルティング
発行人　見城 徹
編集人　福島広司

発行所　株式会社 幻冬舎
〒151-0051　東京都渋谷区千駄ヶ谷 4-9-7
電話　03-5411-6211（編集）　03-5411-6222（営業）
振替　00120-8-767643
印刷・製本所　中央精版印刷株式会社

検印廃止

ISBN978-4-344-90326-5　C2034
Printed in Japan
幻冬舎ホームページアドレス　http://www.gentosha.co.jp/
この本に関するご意見・ご感想をメールでお寄せいただく場合は、comment@gentosha.co.jpまで。